KB053089

농촌유학,
삶의 힘을 키우다

농촌유학,
삶의 힘을 키우다

편집실 엮음

민들레

시골로 유학을 간다고?

해마다 방학이면 시골 마을에는 친척집에 내려와 한 달 가까이 머무는 아이가 있었습니다. 어디서 뒹굴고 왔는지 바짓가랑이에 잔뜩 흙을 묻히고 얼굴엔 땟국물이 흐르는 아이들이 뽀얀 얼굴, 말쑥한 옷차림에 서울 말씨를 쓰는 그 아이를 둘러싸고서, 계집 아이들은 뽀얀 피부에 부러운 눈길을 보냈고, 사내아이들은 시샘 어린 눈빛으로 짓궂은 장난을 치기도 했지요. 그 아이의 옷과 학 용품, 장난감을 보면서 시골아이들은 더 너른 세상이 있다는 것을 어렴풋이 느낄 수 있었습니다. 한편 장난감과 놀이동산에 익 숙한 도시아이는 콩서리와 멱감기, 팽이치기, 모닥불 피우기 같 은 시골아이들 놀이에 빠져 해 지는 줄 몰랐더랬습니다.

그처럼 도시아이들이 잠시 시골로, 자연으로 유학을 오는 풍경 은 예로부터 흔했습니다. 이를 방학 때만이 아니라 학기 중에도 가능하도록 만든 것이 바로 '농촌유학'인 셈입니다. 도시아이가 일정 기간 부모 곁을 떠나 시골에서 살면서 그곳 학교를 다니는 교류학습이라고 할 수 있지요. 또한 농촌에 살고 있는 어른들이 이 아이들의 부모가 되고 선생이 됨으로써 또 하나의 가족을 이루어 공동체 생활을 경험하는 기회이기도 합니다. 한편 그 지역에 사는 아이들은 농촌유학센터를 통해 도시의 또래 친구들과 함께 다양한 활동을 해볼 수 있게 됩니다. 도시아이들뿐만 아니라 시골아이들에게도 농촌유학은 좋은 자극제가 될 수 있습니다.

'유학'은 자기가 살던 곳을 떠나 낯선 공간에서 새로운 경험과 배움을 추구하는 것이지요. 농촌유학을 오는 도시아이들 역시 낯선 농촌의 자연과 생활환경 속으로 들어와 살면서 새로운 친구들을 만나고 삶의 힘을 기르면서 성장합니다. 보통 1~2년간 시골에서 지내면서 그 지역의 학교를 다니는데, 작은 학교에서 교사와 밀접한 관계를 맺을 수 있다는 점도 큰 장점입니다.

학교가 끝나면 아이들은 센터나 농가로 돌아와 다양한 활동을 합니다. 친구들과 어울려 산으로 들로 놀러 다니기도 하고 다양한 방과후 활동도 하구요. 그 속에서 아이들은 단순한 농촌 체험을 뛰어넘어 삶의 힘을 기릅니다. 아토피나 왕따로 힘들어하던 아이들의 몸과 마음도 시간이 흐르면서 저절로 치유됩니다. 시골에서 건강한 음식을 먹으면서 몸을 많이 놀리다 보면 비만증도 사라지고 탄탄한 몸이 됩니다.

한편 아이들 웃음소리가 끊어진 시골 마을에 아이들이 불어넣는 생기는 마을의 활력소가 됩니다. 농촌유학센터는 때로 마을극장이 되기도 하면서 마을의 문화센터 역할을 합니다. 도시아이의 부모들이 아이를 보러 드나들다 아예 귀촌하여 마을주민이 되기도 하지요. 이처럼 파급 효과가 큰 농촌유학의 장점을 살려 마을 살리기를 시도하는 지역도 여러 곳 있습니다. 마을이 아이들을 살리고 또 아이들이 마을을 살리는 셈입니다.

이러한 농촌유학이 우리 사회에 알려지기 시작한 지도 벌써 14년째에 접어듭니다. 지리산 자락으로 귀농하여 도시아이들과 함께 지내는 햇살네 사례를 처음 격월간『민들레』에 소개한 것이 2005년이었습니다. 이듬해 교보교육문화재단의 지원을 받아 일본의 산촌유학* 현장을 탐방하고 돌아와 뜻을 함께하는 이들과 워크숍을 열어 활동가를 양성하면서 빠르게 전국으로 확산되었습니다. 최근 들어 정부와 지자체 차원에서 농촌유학에 관심을 보이기 시작하면서 변화의 흐름이 빨라지고 있습니다(2019년 현재 농촌유학 지원 사업 실행지는 전국에 22곳, 아이들 수는 250여 명에 이릅니다. 올해 새로 시작하려는 곳도 몇 군데 있습니다).

* 일본의 경우 '산촌유학'이 공식 명칭인데, 한국에서는 '산촌유학' '시골살이' 등을 쓰다가 '농촌유학' 또는 '농산어촌유학'이 공식 명칭이 되었다. 일본에 비해 산촌이 적은 편인 데다 산골이 아닌 현장도 있어 '산촌' 대신 '농촌'이라는 표현으로 기울게 되었다. '농촌'은 농사라는 일 중심의 개념이어서 산촌에 비해 공간적 특성이 드러나지 않고 정서적인 요소가 빠져 있어 아쉬움이 남는다.

이 책은 농촌유학의 교육적 성과를 중심으로 정리한 것입니다. 물론 농촌 마을 살리기라는 중요한 성과도 빼놓을 수 없지만, 농촌유학의 대전제가 '아이들 살리기'에 있음을 놓치지 않고자 했습니다. '삶이 곧 배움'이라는 관점에서 농촌유학 현장은 시사하는 바가 적지 않습니다. 특히 비형식 교육 면에서 일반학교나 대안학교에서 참고할 점도 있을 것입니다.

이 책의 1부는 격월간 『민들레』에 실렸던 글들을 수정보완한 것이고, 2부 글들은 농산어촌전국협의회 소속 현장 활동가 분들의 도움을 받아 엮은 것입니다. 농촌유학이 건강하게 자리 잡는 데, 그리고 우리 교육이 보다 건강해지는 데 이 책이 작게나마 도움이 되었으면 좋겠습니다.

2019년 1월
펴낸이 현병호

차 례

머리말 _ 시골로 유학을 간다고?

1부 농촌유학이란

1장   농촌유학, 또 하나의 대안

아이들을 살리고 마을을 살리는 농촌유학 · 15

농촌유학의 현황과 전망 · 31

농촌유학, 이것이 궁금해요 · 41

2장   시골에 유학 온 도시아이들을 만난다는 것은

아이들에게는 기댈 이웃이 필요하다 · 51

사는 게 교육이고 노는 게 일 · 61

'남의' 아이, '내' 아이 벽 허물기 · 71

프로그램보다 중요한 것 · 80

3장   농촌유학의 교육적 전망

교육의 새로운 상상력, 농촌유학 · 89

삶의 힘을 키우는 생활교육, 어떻게 할까 · 104

'따로국밥' 교사가 아닌 '비빔밥' 교사로 살기 · 128

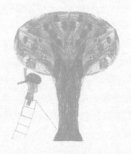

2부 농촌유학에서 아이들은 무엇을 배울까

1장 자연에서 배운다 _생태와 자연

시골살이는 기다림의 연속 • 143
동물과 함께하며 치유되는 아이들 • 147
똥 귀한 줄 아는 아이들 • 151
토종씨앗 지킴이 • 155
오늘은 뭘 먹을까 • 161

2장 놀면서 배운다 _놀이와 여행

걸어서 학교에 가는 것도 즐거운 놀이 • 167
아날로그 세계로 넘어온 도시아이들 • 171
놀이가 곧 공부다 • 175
계곡에서 배우는 실전 수영 • 182
DIY 여행 • 185
자립을 배우는 여행 • 190

3장 함께 살면서 배운다 _마을과 공동체

농촌유학의 하루, 함께 살면서 배우는 것들 • 197
어이구, 내 새끼들 • 202
마음의 움직임을 알아채기 • 206
온마을학교, 마을이 학교다 • 211
마을의 보살핌을 받는 아이들 • 217

부록 1 일본 산촌유학 운동 40년 · 225

　　　　일본 산촌유학 현장을 돌아보고 · 237

부록 2 농촌유학 현장을 소개합니다 · 256

　　　　농촌유학 현장 일람표 · 278

1부

농촌유학이란

1장

농촌유학,
또 하나의 대안

아이들을 살리고
마을을 살리는 농촌유학

농촌유학의 대전제, 아이들 살리기

농촌유학은 무엇보다 아이들을 위한 것이다. 도시에서 시들어
가는 아이들에게 숨통을 틔워주는 역할이다. 농촌유학센터 운영
자나 활동가, 농가 부모, 도시 부모, 저마다의 입장에 따라 목적이
조금씩 다르겠지만, 아이들을 건강하게 기르고자 하는 마음만큼
은 같을 것이다. 지역을 살리는 일은 아이들이 살아날 때 부수적
으로 따라오는 것이지 그것이 일차적인 목적이 되어서는 곤란하
다. 아이들을 수단화해서 이룰 만한 가치가 무엇이 있을까. 그러
므로 농촌유학의 근본 전제는 아이들 살리기다. 여기에는 도시아
이들뿐만 아니라 그 지역아이들도 포함된다. 농촌유학의 모든 활
동은 이 토대 위에서 방향을 잡는 것이 바람직하다.

시골로 유학 오는 아이들 중에는 아토피나 과잉행동 같은 문제를 안고 있는 아이들도 있다. 도시에서 몸과 마음에 가해지는 스트레스에 더 많이 노출된 아이들이다. 이 아이들에게 무엇보다 필요한 것은 건강한 먹거리, 맑은 공기, 친구들과 함께 마음껏 뛰어놀 수 있는 시간과 공간이다. 어떤 방과후 교육 프로그램보다 운동장과 골목길, 강과 개울에서 친구들과 함께 마음껏 놀 수 있도록 배려해주는 것이 필요하다. 그 속에서 자연스럽게 치유도 되고 아이들의 성장도 이루어진다.

농촌유학은 도시아이뿐만 아니라 시골아이들에게도 좋은 기회가 될 수 있다. 농촌에는 아이들이 없는 마을이 많고, 아이들이 있다 해도 그 수가 적어 또래 친구를 사귀기가 쉽지 않다. 게다가 요즘은 시골아이들도 도시아이들 못지않게 학원 뺑뺑이를 돌고 있고, 밖에서 뛰어놀기보다 컴퓨터와 텔레비전 앞에서 보내는 시간이 훨씬 많은 실정이다. 또 집안 형편이 어려워 어쩔 수 없이 부모와 떨어져 내려온 아이들은 연로한 조부모 곁에서 어렵게 자라기도 한다. 이 아이들은 학교에서도 친구관계를 잘 맺지 못하고 외로운 어린 시절을 보내기 십상이다.

농촌유학은 시골아이들과 도시아이들이 자연스럽게 좋은 관계를 맺을 수 있도록 다리를 놓아 폭넓은 인간관계를 경험할 수 있는 환경을 제공한다. 가능하다면 시골아이들이 도시아이의 집에서 교류학습을 할 수 있도록 결연을 맺는 것도 좋을 것이다. 도시아이들이 시골에서 자연환경의 혜택을 누리는 대신, 시골아이들은 도시의 문화 혜택을 맛볼 수 있는 기회를 갖는다면 서로에게 좋은 자극이 될 수 있다.

농촌유학이 건강하게 뿌리를 내리려면 교육철학을 바로 세우는 것이 무엇보다 중요하다. 정형화된 프로그램보다 생활 속에서 자연스럽게 이루어지는 여러 가지 활동, 다시 말해 진짜 '삶'이야말로 아이들의 성장에 필요하다. 친구들을 사귀고 가끔은 싸우기도 하는 가운데 자기 정체성을 찾고 사회생활을 할 수 있는 힘을 키우는 것은 프로그램만으로는 되지 않는다. 어른들이 갖추어야 할 교육 노하우는 어떤 프로그램을 만드는 것보다 아이들이 마을 속에서 스스럼없이 어울릴 수 있게, 자연 속에서 아이들끼리 스스로 놀 수 있게 배려하는 것이어야 하지 않을까.

마을 살리기

농촌유학의 또 다른 효과는 농촌 마을에 활기를 불어넣는 것이다. 아이들 덕분에 마을이 살아나고, 또 마을 덕분에 아이들이 살아난다. 아이들과 마을은 서로에게 에너지를 불어넣는 역할을 한다. 그러므로 농촌유학이 성공하기 위해서도 마을을 살려야 한다. 마을주민들의 지지 없이는 농촌유학이 성공하기 어렵다. 기존의 마을주민들과 관계를 돈독히 하지 않으면 모래 위에 집을 짓는 것과 다름없다. 귀농자가 농촌유학 활동을 할 경우 이는 특히 유의해야 할 부분이다. 농촌유학이 마을에도 도움이 된다는 것을 피부로 느낄 수 있게 배려할 필요가 있다.

농촌유학센터는 실제로 마을에 도움이 되는 여러 가지 일을 할 수 있다. 농촌유학 아이들의 숙식을 농가에서 해결할 경우 지역 경제에 상당한 도움을 줄 수 있다. 또한 도시 부모들과 연계해 지역 농산물을 판매하거나 아이들 먹거리를 지역 생산물로 공급하는 것도 지역경제에 보탬이 된다. 그밖에도 농촌유학센터는 지역의 교육과 문화 수준을 높일 수 있는 다양한 활동을 할 수 있다. 소호나 한드미 마을에서처럼 마을도서관 또는 마을카페를 만들어 커뮤니티 공간으로 활용하면서 때때로 영화를 상영하거나 작은 음악회를 열 수도 있다.

춘천 별빛산골교육센터에서 운영하고 있는 마을목공소는 마을에 활기를 불어넣는 역할을 톡톡히 한다. 행정안전부 마을기업으로 선정되어 학교 부지 50평을 임대받아 마을목공소를 꾸몄다. 마을주민 20여 명이 동호회를 꾸려 회비로 소모품과 전기료를 부담한다. 회원은 수시로 목공소를 사용할 수 있으며, 나사못 같은 소모성 자재는 회비로 구입하고 목재는 스스로 구입하거나 단체로 구입해 비용을 분담한다. 한 해 5회 정도 전문가를 초청해 목공교육도 진행한다. 기본적으로 센터 아이들을 위한 목공실이므로 운영은 센터가 맡고 있다. 매주 목공수업이 있고, 센터의 목공교사가 아이들 교육과 목공실 운영 전반에 책임을 진다.

농촌유학센터에 유학생이나 마을아이들을 위한 목욕탕 시설을 갖춰 주말에 주민들에게 개방하는 것도 생각해볼 수 있다. 요즘은 대체로 집집마다 실내 화장실에 욕실이 함께 갖춰져 있지만, 산골에는 그렇지 못한 집들도 많다. 할머니들은 기름을 아끼느라 보일러도 제대로 틀지 않는데, 당신 혼자 목욕하기 위해 더운 물을 욕조에 받아서 목욕하는 것은 상상하기도 어렵다. 무주군 안성면에서는 면사무소를 신축하면서 사무소 한편에 목욕탕 시설을 넣어 주민들이 저렴한 비용으로 목욕할 수 있게 했다. 단순히 샤워 시설만 할 것이 아니라 탕을 갖추는 것이 좋을 것이다. 작지만 운치 있는 목욕탕을 만든다면 아이들뿐만 아니라 주민들 삶의 질을 높이는 데도 큰 도움이 되지 않을까?

귀농·귀촌과 농촌유학

농촌유학은 귀농·귀촌을 꿈꾸는 도시 부모들을 위한 대안이기도 하다. 귀농 또는 귀촌을 하고 싶어도 연고가 없어 막막한 사람은 먼저 아이를 농촌으로 유학 보내는 것이 좋은 방안일 수 있다. 아이가 농촌유학 가 있는 마을에 드나들다 보니 자연스럽게 지역 사람들과 가까워지면서 그곳으로 삶터를 옮기는 사례가 점점 늘고 있다. 도시의 아파트 단지에서도 아이들을 매개로 서로 이웃이 되는 수가 종종 있듯이, 아이들은 어른들을 이어주는 강력한 매개체다.

임실 대리마을의 교사들처럼 농촌유학은 교사들에게도 귀촌의 방편이 될 수 있다. 도시에서 마지못해 학교를 오가는 교사들이라면 생각을 바꿔 시골 학교로 옮겨볼 일이다. 물론 삶의 방식도 바꿔야 할 것이다. 시골에서 더 재미나고 보람 있는 삶을 살 수 있다면 용기를 내어볼 만하다. 교사라는 신분은 시골에서 주민들로부터 가장 저항을 덜 받으면서 정착할 수 있다는 장점이 있다. 수업이 끝나면 부리나케 시내로 달아나는 '따로국밥' 교사가 아니라 그 마을에 살면서 자신의 삶터를 살맛 나는 곳으로 만들어 가는 일을 해보면 어떨까?

농촌유학을 하고 있는 지역들은 귀촌하기에 여러모로 좋은 여건을 갖추고 있다. 아이의 교육 문제도 해결할 수 있을 뿐만 아니라 뜻 맞는 이들끼리 모여서 어떤 일을 도모하기에도 좋다. 대리마을에서는 귀촌한 이들이 교육사업체를 꾸려 지역 학교의 방과후 교육을 맡고 있기도 하다. 그밖에도 시골에는 도시인들이 잘할 수 있는 일들이 많이 있다. 무엇보다 시골에는 사무 능력을 갖춘 사람들이 절대적으로 부족하기 때문에 도시에서 훈련된 기능을 그 지역을 위해 잘 활용할 수 있다. 귀농이 아니라 귀촌의 다양한 가능성을 찾아볼 필요가 있다.

불경기에도 돈을 많이 쓰는 곳이 학교다. 교과부의 토요돌봄, 엄마도움교실 예산이 모두 학교로 투입되고 있다. 사회복지사, 방과후지도사 자격증이나 제과제빵, 목공기술 같은 기능을 갖추고 있으면 시골에서 할 수 있는 일이 많다. 교육활동은 귀촌해서 할 수 있는 좋은 일감이기도 하다. 농촌유학 농가 부모가 될 수도 있고, 지역 방과후학교 또는 숲속학교나 농사학교 같은 특화된 단기 대안학교를 꾸릴 수도 있다. 도시에서 시들시들하게 죽어가는 아이들도 살리고 어른도 덩달아 살아날 수 있는 길을 농촌유학에서 찾을 수 있다.

귀농을 생각하는 이들 중에는 농사만으로는 생계를 유지하기가 힘들 것 같아 망설이는 이들도 있다. 귀농에 성공해서 자리를 잡았더라도 농사일만 하면서 살기는 뭔가 허전해하는 이들도 적지 않다. 귀농한다고 해서 꼭 농사만 지어야 하는 것은 아니다. 문화예술인들 중에도 시골에 사는 이들이 적지 않고, 나이 들어 귀농이라기보다 귀촌을 하는 이들도 있다. 이런 이들이 농촌유학생을 받아서 생활교육 또는 도제교육을 할 수 있다면 서로에게 좋은 영향을 미칠 수 있을 것이다.

마을이 살기 좋은 곳으로 바뀌지 않으면 아무리 성공적인 귀농이라 해도 반쪽 성공도 못 된다. 생태마을 만들기와 작은 학교 살리기, 귀농 운동은 떼려야 뗄 수 없는 관계에 있고, 농촌유학은 이 모두에 활력소가 될 수 있다. 귀농운동본부 같은 곳에서 귀농 교육을 할 때도 교육 문제와 더불어 농촌유학에 대한 안내를 할 필요도 있다. 귀농자들이 집을 지을 경우 농촌유학생을 감안해 구조를 설계하는 것도 필요할 것이다. 다만 초기 귀농자의 경우 시골 생활에 적응하는 것만으로도 힘에 부칠 수 있으므로 신중하게 결합할 필요가 있다.

귀농자들이 농촌 생활에 적응하기란 쉽지 않다. 텃세는 어디나 있기 마련이고, 도시에서 온 사람은 자칫 눈밖에 나기 십상이다. 그럴 때 아이들을 통해 마을사람들과 가까워지는 것도 괜찮은 방법이다. 마을아이들에게 도움이 되는 일을 하면서 마을사람들에게 농촌유학의 필요성도 알린다면 지역주민을 설득하는 일이 그다지 어렵지는 않을 것이다. 농촌유학생이 들어와 마을아이들과 함께 어우러져서 배우고 노는 모습을 보게 되면 마을주민들의 마음도 더 쉽게 열릴 것이다. 이는 귀농자가 마을에 뿌리를 내리는 데도 큰 도움이 될 수 있다.

작은 학교 살리기

대안사회를 꿈꾸는 이들 가운데 생태마을 만들기에 나서는 이들이 많다. 지자체 차원에서 적극 지원하는 곳들도 있다. 생태적인 삶은 이 땅에서 하나의 사회적 의제로 떠오르고 있다. 하지만 농사법이나 생활 방식이 생태적으로 바뀐다고 해서 마을이 실제로 지속가능한 생태마을이 되기는 힘들다. 생태적 방식의 살림살이도 어느 정도 안정되어야 하고, 마을에 생기가 돌아야 한다. 마을에 생기가 돌려면 무엇보다 아이들이 있어야 하고, 그 아이들이 활기를 잃지 않아야 한다.

그러므로 아이들 교육 문제가 풀리지 않는 한 농촌 마을 살리기, 생태마을 만들기는 공염불이다. 마을에 관심 있는 이들이라면 당연히 교육 문제를 생각할 것이다. 간디학교나 풀무학교처럼 학교 만들기와 생태마을 만들기를 함께 풀어가는 경우도 있다. 간디학교가 함께 만들어가는 생태마을의 경우 도시인들이 집단 이주해서 전원주택 단지 같은 양상을 띠는 반면, 홍성 홍동지역은 풀무학교를 중심으로 한 지역주민들이 기존 마을을 생태마을로 바꿔나가고 있다.

생태마을은 농촌유학생을 끌어들일 수 있는 좋은 조건이지만, 마을이 좋다고 해서 농촌유학이 가능한 것은 아니다. 농촌유학이 제대로 이루어지기 위한 중요한 두 가지 요소는 아이들의 생활 환경과 교육 환경일 것이다. 건강하게 지낼 수 있는 숙식 환경, 그리고 아이들이 다닐 수 있는 초등학교 또는 중학교가 있어야 한다. 지역 학교의 교육 여건이 받쳐주지 않으면 일부러 산골까지 아이를 보낼 부모는 없을 것이다. 특히 장기유학의 경우 이러한 조건은 필수다.

문제는 폐교 위기에 놓인 시골의 작은 학교가 반드시 좋은 학교는 아니라는 점이다. '작은' 학교는 좋은 학교의 필요조건이지 결코 충분조건은 아니다. 지금 산골의 작은 학교는 면소재지에 있는 본교도 한 학년 정원이 10명이 안 되는 학교들이 많다. 도시의 학급 정원이 보통 30명 안팎인 데 비하면 좋은 환경이라고 볼 수도 있다. 학교에 투여되는 예산만 놓고 봐도 도시의 초등학생 한 명에 드는 예산이 평균 250만 원 안팎인 데 견줘 시골의 작은 학교는 1,000만 원 이상이 들어간다. 문제는 그만큼 교육의 질이 좋은가 하는 점이다.

대개 학년당 학생 수가 8명 이하일 경우 복식반을 편성해서 운영하는데, 그 때문에 교육의 질이 떨어진다고 우려하는 이들이 많다. 학급 학생 수가 아주 적어서 거의 개인교습처럼 수업이 이루어지기도 하고 교사가 남다른 열의를 가지고 수업을 꾸려가기도 하지만 열댓 명 아이들을 대상으로 구태의연한 학급운영 방식으로 복식수업을 하는 경우도 많다. 이런 경우에는 학습이 뒤떨어지기 마련이다. 승진 점수를 바라고 벽지 근무를 신청한 교사라면 교육보다는 근무시간 때우기에 그치기 십상이다. "이들에게는 복무규정과 공문이 금과옥조다. 교직원이 규정이나 따지고 있으면 누구도 끼어들 수가 없어서 학교는 섬이 된다." 작은 학교 살리기 운동을 하는 어느 교사의 고백이다.

일본은 벽지 근무를 할 경우 그 횟수나 기간에 관계없이 1년에 호봉이 1호봉 올라갈 뿐이다. 그렇다 보니 뜻있는 교사들이 자원해서 오는 경우가 많다. 반면에 우리나라는 승진 점수가 있어 아이들보다 점수에 더 관심 있는 교사들이 줄지어 기다리는 형편이어서 정작 뜻있는 교사들이 들어오기가 쉽지 않은 실정이다. 게다가 연장 근무가 어려워 3~4년 근무하면 전근을 가야 한다. 뜨내기 교사들인 셈이다. 그렇다 보니 산골학교 교사들치고 산골에서 사는 교사는 거의 없고 대부분 읍내에서 자가용을 몰고 출퇴근을 한다. 교사들이 마을과 완전히 따로 놀다 보니 학교도 당연히 마을과는 따로국밥이다.

작은 학교가 좋은 학교가 되려면 교사들의 벽지 근무 점수를 없애거나 혜택을 줄여 염불보다 잿밥에 관심 있는 사람들이 들어오지 못하게 해야 한다. 그리고 더 머물고 싶은 교사는 학교운영위원회의 승인을 얻어 몇 번이라도 근무 연장을 할 수 있게 해야 한다. 그래야 교사들도 멀리 내다보고 자신의 터전과 삶의 방향을 결정할 수 있을 것이다.

무조건 작은 학교를 살려야 한다고 주장하는 것은 현실적이지 않다. '농촌 살리기' 또는 '작은 학교가 아름답다'는 명분을 내건다 해도 지금 같은 형태로 시골의 작은 학교를 유지하는 것은 예산 낭비이기도 하고 교육적으로도 바람직하지 않다. 소규모 학교 통폐합 정책을 무조건 반대할 것이 아니라 더 바람직한 교육 환경이 무엇인지부터 생각할 일이다. 학생 수가 너무 적어도 학교가 제 기능을 하기 어렵다. 공동체 놀이를 하기도 힘들고, 다양한 친구들 사귀기도 어렵다.

작은 학교가 살아나려면 학년별, 과목별로 수업을 하는 구태의연한 교육방식을 탈피해야 한다. 학년 통합, 과목 통합은 오히려 새로운 교육의 흐름이다. 큰 학교는 그러기가 힘들지만 작은 학교는 가능하다. 일본의 키노쿠니학교같이 무학년제 프로젝트식 수업으로 풀어간다면 60명 정원일 때 4~5개 정도의 프로젝트 팀을 꾸릴 수 있다. 그러면 교장과 행정직을 포함해서 6~7명이면 충분히 학교를 꾸릴 수 있다(기존 방식으로 복식반 편성을 한다

해도 같은 수의 교사가 필요할 것이고, 학년별로 반 편성을 할 때는 2∼3명이 더 필요하다).

교육제도를 바꾸는 것은 하루아침에 되는 일이 아니다. 승진제도나 벽지근무제도를 바꾸는 일도 교사집단의 반발로 쉽지 않다. 우선 뜻 맞는 이들끼리 지역의 작은 학교를 바꾸어가는 작업부터 시작해볼 일이다. 아산의 송학초등학교 거산분교(현 거산초등학교)는 몇 해 전에 이미 그런 작업을 해냈다. 천안 지역의 학부모들이 100여 명의 아이들을 아산분교 근처 마을로 전입시켜 분교에 아이들을 보내면서 뜻 맞는 교사들과 함께 학교를 완전히 새롭게 변모시켰다(이 경우는 농촌유학이 아니라 농촌등교인 셈이다. 날마다 통학버스가 천안 시내에서 아산 송학리까지 아이들을 실어 나른다. 시간은 40분쯤 걸린다). 해남 서정분교, 양평의 정배분교, 여주의 운암분교 등 비슷한 시도를 해온 학교들이 있는데 공립학교이다 보니 교사들이 전근을 가면서 학교가 흔들리는 경우가 많아 새로 오는 교사들을 선정하는 물밑 작업이 필요하다.

거산분교 같은 통학 방식이 아닌 농촌유학 방식도 부모들과 교사들이 힘을 모으면 비슷하게 풀어갈 수 있을 것이다. 작은 학교가 탈바꿈을 하기 위해서도 임실 대리마을처럼 농촌유학과 같은 대안을 활용할 필요가 있다. 도시에서 아이들을 통학시키기가 쉽지 않은 지역의 경우 농촌유학 방식을 도입해서 학생 수를 확보하고 학부모, 교사들이 힘을 모아 학교를 바꾸어나가는 노력을 한다면 작은 학교는 얼마든지 거듭날 수 있다. 제도적인 뒷받침이 조금만 따라준다면 더 많은 예산을 들이지 않고서도 작은 학교를 살리고 지역을 살리고 도시와 농촌의 아이들을 다 같이 살릴 수 있다.

대리마을의 경우 지역 초등학교의 교사와 교장이 적극적으로 나서서 센터를 세우고 농촌유학생들을 받아들였지만, 대개의 지역 학교들은 도시아이들이 들고나는 것을 부담스러워하는 경향이 많다. 학교가 바뀌지 않으면 농촌유학도 마을 살리기도 쉽지 않다. 단양의 한드미 마을에서는 농촌유학생 수가 늘어나면서 지역 학교의 교장을 공모제로 선임해 학교를 공립 대안학교 수준으로 만드는 시도를 하고 있기도 하다.

일본은 중학생들도 꽤 산촌유학을 하는 데 비해 우리나라에서는 아직 대부분 초등학생 중심으로 이루어지고 있다. 공교육에서 자유학년제를 시도하고 있지만 농촌유학은 혼란기에 있는 중학생들이 자기를 돌아볼 수 있는 좋은 기회가 될 수 있다. 중학교의 경우 학교의 변화가 더 필요한 만큼 뜻있는 교사들이 먼저 나서는 것이 일을 수월하게 푸는 방법이 될 것이다. 대리마을의 사례를 참고하여 교사들이 힘을 모으면 공립 대안학교 못지않은 학교를 만들 수 있을 것이다. 도시학교에서 좌절감을 느끼는 교사들이 시골로 들어가 아이들을 살리고 지역을 살리면서 신명나게 사는 모습을 방방곡곡에서 볼 수 있는 날이 언제쯤 올까.

지역의 작은 학교를 살리는 것이 여의치 않으면 1년 과정의 단기 대안학교를 만드는 것도 고려해볼 만한 방법이다. 1년 과정의 농사학교, 숲속학교 같은 단기 학교를 만들어 아이들 교육까지도 맡는 것이다. 이 경우는 센터가 학교도 겸하는 모델이라 볼 수 있다. 일본에는 이런 모델이 없지만 한국에서는 가능할 수 있다. 이 모델은 초등보다 중등 아이들을 대상으로 하는 것이 맞을 것이다. 무기력 상태에 빠져 있는 청소년들에게 자신을 돌아보고 자기 길을 찾을 수 있는 시간과 기회를 주는 것이 무엇보다 필요한 때다. 특히 중학교를 졸업하고 고등학교 진학하기 전의 과도기 아이들에게 인생을 생각해볼 기회를 주는 틈새학교로 적합하다. 덴마크의 에프터스콜레 같은 유형이다. 전체 인구가 550만 명밖에 안 되는데도 이런 학교가 260여 개나 된다(물론 이 학교들이 모두 농촌에 있는 것은 아니다).

지금 대부분의 대안학교들은 일반학교 학제를 따라가는 모델이어서 최소 3년 이상의 교육과정으로 짜여 있다. 1년 과정의 단기 학교는 더 많은 아이들과 부모들이 보다 쉽게 선택할 수 있는 대안이 될 것이다. 하지만 단기 대안학교를 꾸릴 경우 자칫하면 지역과 분리될 위험성이 있다. 지역아동센터나 마을문화센터를 겸하면서 마을과의 연계를 적극 모색하지 않으면 섬처럼 고립될 가능성이 높다. 이는 교육적으로도 큰 손실이다. 마을목공소 같은 공간을 열거나 동네 할머니들을 산나물 강사로 초빙하거나 하는 여러 가지 방법으로 마을과 학교의 유대를 높이는 일을 꾸준히 병행해야 할 것이다.

최근 대안학교 가운데도 농촌유학을 시도하는 곳이 생겨나고 있다. 신입생이 줄어들어 어려움을 겪는 대안학교를 농촌유학센터로 전환하는 것도 나쁘지 않은 선택이다. 지역 학교를 살리면서 삶의 교육에 좀더 다가갈 수 있는 계기가 될 수도 있다. 농촌유학센터를 겸한 단기 대안학교로 전환하는 것도 한 방법이다. 배움터에 대한 상상력을 다시 펼칠 때다.

어른들도 행복할 수 있는 대안이어야

농촌유학이 성공하기 위해서는 세 가지 조건이 충족되어야 한다. 아이들을 맡아줄 사람과 생활공간, 학교. 이 조건들이 부모들이 안심할 정도의 수준이 되지 않으면 장기유학은 어렵다. 그러나 이 조건은 농촌유학생을 위한 조건이기 이전에 지역아이들을 위한 조건이기도 하다. 농촌유학은 도시아이들을 위한 것만이 아니라 그 지역아이들을 위한 것이기도 하다. 농촌유학을 통해 도시와 시골이 함께 살고 아이들과 부모, 교사들이 함께 행복해지는 길을 찾아보자.

더 좋은 교육을 위해 우리는 너무 많은 에너지를 쏟는 게 아닌지 한 번쯤 생각해볼 일이다. 어른들이 행복해야 아이들도 행복할 수 있다. 대안학교를 꾸리느라 있는 힘, 없는 힘 쏟아붓느라 기진맥진하는 부모와 교사들이 많다. 물론 그럴 만한 가치가 있고보람도 있는 일이지만 과연 그것이 최선일까. 좋은 학교, 좋은 교육을 위해 너무 애를 쓰다 보면 오히려 역효과가 나는 경우도 없지 않다.

대안학교를 다니든 홈스쿨링을 하든 농촌유학을 택하든 그것이 대안이 될 수 있으려면 우리 삶을 보다 경쾌하게 만들어주는 것이어야 한다. 아이에게도 부모에게도. 뭔가가 자신의 삶을 짓누르고 있다면 그 선택은 다시 생각해볼 필요가 있다. 자연이 최고의 스승이라는 말이 있지만 사실 자연보다 사람이 더 큰 영향을 미치는 법이다. 좋은 사람과 자연이 함께 있는 곳이라면 최고의 교육 환경이 아닐까.

농촌유학이 누구에게나 최선의 선택일 수는 없겠지만 일부 사람들에게는 분명히 좋은 선택지가 될 수 있다. 대안학교나 홈스쿨링보다 힘이 덜 들면서도 사회적인 파급 효과가 큰 대안이기도 하다. 농촌유학은 이미 우리 교육 현실에서 작지만 소중한 숨통 역할을 하고 있기도 하다. 이 길을 더 넓히고 가꾸는 일에 보다 많은 사람들이 나설 때다.

농촌유학의
현황과 전망

복합적 운동으로서의 농촌유학

한국의 농촌유학은 귀농　귀촌 운동과 지역 살리기 운동, 공교육 개혁 운동과 대안교육 운동이 만나는 지점에 있다. 농촌유학생을 받아들이는 시골의 작은 학교들의 경우 대체로 공립 대안학교에 가까운 모습을 띠고 있고, 생활교육을 맡는 농촌유학센터나 농가는 대안학교 기숙사 못지않은 교육 환경을 갖추고 있다. 일본과 달리 한국의 활동가들은 대부분 젊은 귀농자들이다. 대안교육 운동과 귀농 운동이 활발한 시점과 맞물려 농촌유학 운동이 한층 탄력 있게 진행되고 있는 셈이다.

일본의 산촌유학은 시작 때부터 아이들에게 초점이 있었던 데 비해 한국에서는 아이들 교육보다 지역 살리기 운동과 더 밀접하게 관련되어 진행되어온 측면이 있다. 이농 현상과 고령화로 활기를 잃어가는 시골 마을을 살리는 데 농촌유학만 한 것이 없다는 데 착안한 이들이 적극적으로 뛰어들었다. 그들 중에는 교육운동 마인드를 함께 가지고 있는 이들이 많아 농촌유학은 아이들을 살리고, 학교를 살리고, 마을을 살리는 일타삼피 식의 복합적인 운동이 되고 있다.

대안학교는 자칫 지역에서 섬이 되기 쉽지만 농촌유학은 지역의 학교와 주민들을 통해 지역과 호흡하는 교육 모델이다. 생활 속에서 다양한 교육이 이루어지는 모델로 농촌유학만 한 것도 없다. 한 가지 단점이 있다면 아이들이 부모와 떨어져 지내야 한다는 건데, 아이들은 생각보다 잘 지낸다. 친구들이랑 어울려 노는 재미에 아이들이 전화도 하지 않아 부모들이 섭섭해할 정도다. 부모가 다녀가거나 아이들이 주말에 집으로 돌아가서 지내면 이도 그다지 문제가 되진 않을 것이다. 가정환경이 좋지 않은 청소년들의 경우는 당분간 집에서 떨어져 지내는 것이 더 나을 수도 있다.

농촌유학은 귀농·귀촌하는 이들에게 의미 있는 일감이자 경제적인 방편이 되기도 한다. 나이 들어 귀촌해서 할 만한 일로 이만한 일도 없을 듯하다. 아이들을 돌보는 농가 부모가 되는 것은 일종의 단기 수양부모 비슷한 역할을 하는 것이기도 하다. 유학 온 도시아이들과 마을아이들을 함께 보살피는 일은 사회적 부모 역할에 다름 아니다. 아이들을 살리면서 지역도 살리고 학교도 살릴 수 있다면 해볼 만한 일이 아닐 수 없다.

농촌유학의 다양한 유형들

현재 우리 사회에서 이루어지고 있는 농촌유학의 유형은 크게 세 가지로 나뉜다. 개인이 자신의 집을 활용하여 시작하는 농가형, 농가가 아닌 독립적인 농촌유학센터에서 농촌유학 활동가의 지도로 유학생들의 숙식, 생활, 교육을 하는 유형인 센터형, 마을 주민들과 협력하여 농가와 센터를 오가는 마을형(복합형)으로 분류할 수 있다.

농가형은 말 그대로 개별 농가가 도시에서 온 유학생 한두 명을 맞이하여 함께 생활하는 형태다. 학교 가는 시간을 제외하면 숙박을 비롯한 모든 생활이 농가를 중심으로 이루어진다. 센터형은 운영주체가 유학센터를 세우거나 임대하고 그곳을 기반으로 생활하는 형태다. 유학생 정원은 센터가 물리적으로 수용할 수 있는 인원이 얼마인지, 또 센터의 활동가가 몇 명인지에 따라 좌우된다. 일본과 우리나라 센터형의 차이는 농가 숙박 여부와 관계있다. 한 주에 하루나 이틀 또는 한 달에 일주일이나 열흘을 농가에서 숙박하는 일본의 센터형과 달리 우리나라의 센터형은 숙박이 주로 센터에서 이루어진다.

한편 마을형은 숙박은 농가에서 하지만 일상 활동은 센터를 중심으로 한다. 센터와 농가의 결합이라는 면에서는 일본의 센터형과 유사하지만 우리나라의 마을형은 숙박을 전적으로 농가에서 한다는 점에서 큰 차이가 있다(마을형으로 운영되는 별빛산골교육센터의 경우 자체 기숙사를 갖추게 되면서 농가 살이와 기숙사 생활을 병행하고 있다). 마을형의 경우, 농가가 잠자리와 식사를 제공하고 그 외의 활동은 모두 센터를 중심으로 이루어지는 만큼 농가 확보가 유학생 정원과 밀접하게 관련 있다.

현재 세 유형 가운데 가장 많은 비율을 차지하는 것은 센터형이고, 마을형은 서너 곳에 불과하다. 농가형은 쉽게 시작할 수 있는 장점이 있는 반면 지속하기가 쉽지 않다 보니 작은 규모의 농가형은 거의 없고, 규모가 큰 농가형의 경우 센터형과 유사하게 운영되고 있는 실정이다. 지역과 관계를 맺지 않고도 쉽게 시작할 수 있는 형태로서 소규모는 농가형, 대규모는 센터형으로 꾸려진다고 볼 수 있는데, 센터형이 가장 일반적인 유형인 셈이다.

물론 마을과 관계를 맺는 것이 마을형에서만 가능한 것은 아니다. 농가형이나 센터형의 경우도 운영주체가 얼마나 마을 속에 깊숙이 자리 잡았는가에 따라 농촌유학의 질이 달라질 수밖에 없다. 실제로 농가형이나 센터형 중에도 지역과 밀착된 관계를 맺고 있는 현장이 많다. 이런 측면에서 운영주체가 그 지역에 정착한 기간을 살펴보는 것은 의미가 있다. 평균적으로 센터형보다 농가형이, 그보다 마을형이 더 오랜 기간을 필요로 한다.

구조적으로 마을형은 지역의 참여 없이는 불가능한 형태이기에 운영자가 마을에 오랜 기간 정착하여 살면서 마을의 동의와 참여를 이끌어낼 수 있을 때만 가능함을 알 수 있다. 센터형의 경우 가장 짧은 정착 기간을 보이는데, 이는 운영주체가 굳이 지역과 교류 없이도 센터를 운영하기에 가장 적합한 장소를 물색하여 시작할 수 있기 때문일 것이다. 실제 인터뷰에서도 센터형의 경우는 지역과 관계 맺는 과정의 어려움을 토로하는 편이다.

아이들 살리기와 지역 살리기. 이는 하루아침에 성과를 거둘 수 있는 일이 아니다. 때문에 농촌유학은 운동 차원에서 오랜 기간 활동이 지속될 수 있어야 하고, 그러자면 활동가도 살고 농가나 센터도 살아야 한다. 농촌유학의 사회적 의미를 생각할 때 지속가능성을 높이기 위해서는 장기적으로 농가형의 장점을 살린 센터형 또는 마을복합형을 만들어가는 것이 바람직할 것이다. 다양한 주체들 간의 교류를 통해 질을 높일 수 있고, 또 센터와 농가가 역할을 분담함으로써 농가주민과 활동가들이 재충전 기회를 가질 수 있다는 장점이 있다.

농가형의 경우 일 년 이상 하다 보면 지치거나 개인 사정으로 오래 지속하기가 쉽지 않다. 하지만 한두 해만 지속된다 하더라도 의미 있는 일이고, 아이들에게도 농가에도 도움이 된다. 센터형이나 마을형보다 손쉽게 시작할 수 있는 모델이고, 귀농 농가가 정착할 수 있는 방편이 될 수도 있다. 농촌유학의 저변 확대를 위해서도 농가형은 확산될 필요가 있다. 농가형이 확산되는 만큼 다양한 센터형과 마을형 모델이 만들어질 가능성이 커질 것이다.

센터처럼 운영되는 규모가 큰 농가형 외에 대부분의 센터는 숙박시설을 갖추고 있지 않다. 아이들의 잠자리를 모두 농가에서 제공하는 경우, 농가주민의 상황에 따라 지속성이 떨어질 수 있다. 숙박시설을 갖춘 센터와 농가가 결합한 복합형이 더 안정적일 가능성이 높다. 하지만 이 경우 시설비가 상당히 소요되므로 지자체의 지원 없이는 쉽지 않다. 잠자리를 모두 농가에서 제공하는 경우에도 여러 농가가 긴밀하게 관계를 맺고 집을 비울 때는 품앗이 형태로 다른 집에서 아이들을 돌보는 방식으로 운영한다면 지속성을 높일 수 있을 것이다. 이 모델의 경우 농가들의 네트워크가 매우 중요하므로 농가 선정 및 교육에 각별히 신경을 써야 할 것이다.

일본 산촌유학 운동에서 배운다

농촌유학을 먼저 정착시킨 곳은 일본이다. 일본의 알프스라 불리는 산촌인 나가노현에서 40여 년 전에 처음 싹을 틔웠다. 산촌이 많은 일본의 특성상 '산촌유학'이라는 이름으로 지금까지 통하고 있다.

1968년에 설립된 '아이들을 키우는 모임'이라는 뜻의 소다테루카이(育會)라는 생태·환경 교육 단체에서 '다음 세대를 짊어질 생태적인 사람을 키우자'는 목표로 방학 때 도시아이들이 마을 농가에서 묵으면서 다양한 활동을 하는 프로그램을 열었다. 활동에 참가한 아이들과 부모들이 좀더 오래 시골에서 지내고 싶다고 요청하면서 마침내 1976년 초·중학생 9명이 야사카 마을로 전학하여 산촌유학의 첫걸음을 내딛게 되었다고 한다.

일본의 산촌유학에서 강조하는 생태교육은 아주 단순하다. '두 손에는 아무것도 들지 말고 집에서 학교까지 걸어 다닐 것!' 가방은 항상 등에 메고, 비 오는 날 우산도 들지 않도록 당부한다(비옷과 장화는 필수품이다). 그렇게 두 손이 자유로운 상태에서 한 시간 가까이 걸어서 학교를 오가는 길이 바로 생태교육의 장인 셈이다. 길가에 새로 핀 들꽃도 보고 개울물에도 들어가보고 친구랑 장난을 치기도 하면서 학교를 오간다. 어른들은 이렇게 오가는 아이들을 위해 안전한 등굣길만 마련해주면 되는 셈이다.

산촌유학은 아이들 살리기에서 더 나아가 '지역 살리기, 작은 학교 살리기 운동'으로도 주목을 받았다. 도시에서 아이들과 부모들이 찾아오면서 시골마을에 활기가 넘쳐나고 통폐합 위기에 있던 작은 학교들이 폐교 위기에서 벗어나 계속 존립할 명분을 주었다. 도시에서 온 이들이 지역에서 소비활동을 벌이면서 지역의 소득증대에도 도움이 되었다. 일본의 산촌유학은 벌써 40년이라는 역사를 이어가고 있는데 '살며 배운다'라는 주제에 가장 잘 맞는 교육으로 인정받고 있다.

하지만 일본 경제가 어려워지면서 지난 15년 사이에 거품이 꺼지고 알맹이만 남았다고 한다. 가장 활발했을 때는 전국에 2백여 개 현장이 있었지만 현재는 절반 넘게 문을 닫은 상태이며, 그마저도 아이들 모집이 쉽지 않은 상황이다(자세한 자체 평가에 대해서는 부록 참조). 하지만 분명한 철학과 운영지침을 지키는 소다테루카이는 아이들 모집에 크게 곤란을 겪지 않고, 오히려 지자체들로부터 산촌유학센터를 운영해달라는 요청을 받기도 한다.

지속가능한 농촌유학을 위해

일본에서 농촌유학이 지역 농가에서 시작될 수 있었던 데는 농가가 도시주택 못지않게 정갈하고 2층 구조이거나 규모가 큰 편이어서 아이들과 함께 지내기에 별 불편함이 없는 것이 중요한 요인이었던 것 같다. 초가삼간 식 우리 전통 농가는 아이들 두세 명이 며칠은 머물 수 있을지 몰라도 장기유학은 힘들다. 새로 지은 집들도 대체로 핵가족용 아파트 구조와 비슷해서 아이들이 장기간 머물기는 서로가 불편한 경우가 많다. 그래도 평수가 좀 넓다면 아이들 두세 명이 한 달에 열흘 정도는 머물 수 있을 것이다. 어른과 아이들이 마음이 통하면 한 가족처럼 지낼 수도 있다.

우리나라 농촌유학의 경우 일본에 비해 농가의 역할이 큰 편이다. 날마다 잠을 농가에서 자고 아침도 농가에서 먹는 경우 농가의 환경이 매우 중요하다. 때문에 농가를 선정할 때 집의 구조를 고려할 필요가 있다. 장기 농촌유학생을 준비하는 농가는 집을 짓는 단계에서부터 유학생을 고려해 설계를 하는 편이 좋다. 농촌유학을 하고자 하는 농가가 농가 구조를 개선하고자 할 때 지자체나 농림부 차원에서 시설개선 지원금을 지급하는 것도 한 방안이 될 수 있다.

우리 농촌 실정으로 볼 때 농촌유학이 제대로 이루어지려면 아이들이 묵을 수 있는 독립된 센터가 필요하다. 하지만 지자체의 지원을 얻어 농촌유학센터를 새로 짓는 것은 당장은 기대하기 어려운 일이다. 그보다는 지역에서 제대로 활용하지 못하고 있는 건물들을 활용하는 방안을 찾아볼 일이다. 마을마다 수억 원의 예산을 들여 잘 지어놓고서 놀리고 있거나 창고처럼 쓰고 있는 공간들이 적지 않다. 기존 공간을 다른 목적으로 전용하는 것이 행정상 쉬운 일은 아니라고 하지만 몇 년째 방치되다시피 한 공간을 마을을 살리는 일에 활용할 수 있도록 주민들과 지자체를 설득해볼 필요가 있다. 농촌유학센터는 단순히 도시아이들을 위한 공간이기보다 지역아이들과 주민들의 문화공간으로도 충분히 활용될 수 있다.

농촌유학이 지속가능하려면 지역과의 긴밀한 관계가 필수이기에 마을형이 좀더 지속가능성이 높다고 볼 수 있다. 농가들이 농촌유학 일에 직접 참여하고, 학생들도 숙박을 마을에서 하기 때문에 농가와 마을에 대한 이해가 깊어질 수 있다. 또 마을형의 경우 유학센터가 흔히 지역아동센터를 겸하므로 지역아이들이 함께한다는 측면에서도 지역과 밀접하게 결합되기에 유리한 조건이다. 그러므로 농촌유학이 지역에 기여하는 바를 알리고, 실제로 기여도를 높임으로써 지자체와 지역주민의 이해를 구하고 적극 참여하게 하는 것이 매우 중요하다.

따라서 지역아이들을 어떻게 챙길지에 대한 고민도 함께 이루어져야 한다. 지역아이들과 도시아이들이 함께 자라도록 배려하는 것은 농촌유학의 교육적 성과를 위해서도 반드시 필요하다. 센터가 동네사랑방이 되고 아이들이 서로 오가면서 같이 자기도 하고 친해지는 모습이야말로 지역 살리기의 진수가 아닐까. 일부 지역에서 유학생 숫자가 많아지면서 지역아이들이 소외되거나 관계가 틀어지는 경우가 있는데, 이는 매우 조심해야 할 점이다. 유학생만을 위한 센터는 유학생에게도 결코 바람직하지 않다.

　농촌유학 운동은 단순히 농촌 지역 살리기나 몇몇 도시아이들을 위한 것이 아니라 우리 사회의 교육과 삶의 방식을 바꾸는 커다란 흐름 속에서 방향을 잡아가야 한다. 농촌유학의 지속가능성을 생각하기보다 농촌유학이 우리 사회에서 어떤 가능성을 갖고 있는지, 보다 폭넓은 관점에서 생각할 필요가 있다. 그 가능성을 십분 살린다면 농촌유학은 세월이 흘러도 그 생명력을 잃지 않을 것이다. 도시가 사라지진 않겠지만 농촌은 더욱이 사라질 수 없다. 아이와 어른, 도시와 농촌이 함께 잘 사는 길을 찾는 이들이라면 농촌유학은 진지하게 생각해볼 충분한 가치가 있다.

농촌유학, 이것이 궁금해요

● 부모들은 어떤 동기로 농촌유학을 선택하나요?

부모들의 동기는 다양합니다. 무엇보다 자녀가 어린 시절에 자연 속에서 자유롭게 자라기를 바라는 마음이 바탕에 깔려 있다고 봅니다. 공동체 생활을 하면서 다양한 경험을 하고 더불어 사는 힘과 자립심을 키우기를 바라는 마음도 클 것입니다. 대개 외동으로 자라는 요즘 아이들에게 농촌유학 현장은 형제자매 관계를 경험하는 곳이기도 합니다.

정서적 안정이나 치유를 위해 선택하는 경우도 있습니다. 아토피나 과잉행동장애 같은 문제를 안고 있는 아이들도 간혹 있습니다. 아토피 아동의 경우 몇 달 만에 호전되는 모습을 많이 볼 수 있는데 완치는 쉽지 않은 듯합니다. 환경의 변화만으로는 치료가 어렵고 심리적인 요인도 작용하는 것이 아닐까 짐작됩니다.

과잉행동장애로 판정받은 아이들의 경우는 약을 먹지 않고도 뚜렷한 변화를 보이는 편입니다. 자연 속에서 친구들과 어울려 놀면서 자연스레 운동량이 늘고 스트레스가 풀리면서 눈에 띄게 증세가 사라진다는 것이 대부분의 현장 보고입니다. 다만 초기에 학교 담임선생님은 힘들 수 있으므로 미리 양해를 구할 필요가 있을 것입니다. 치유가 필요한 아이들이 많이 가는 현장도 있고 그렇지 않은 현장도 있으므로 미리 알아보고 선택하는 것이 좋습니다.

농촌유학을 보낸 후 자녀에게 나타나는 긍정적인 변화로 꼽는 점은 타인에 대한 배려심(30.0%), 자신감(23.3%), 여유로움(13.3%), 편식이 없어짐(13.3%), 의젓해짐(10.1%), 밝고 긍정적이 됨(10.0%) 등입니다.

● 아이들은 어떻게 지내고 학습은 어떻게 하나요?

농촌유학의 기본은 먼저 아이가 시골로 거주지를 옮기고 센터나 농가에서 먹고 자면서 지역 학교를 다니는 것입니다. 유학센터와 지역 농가는 아이들의 생활을 돕는 역할을 합니다. 무엇보다 좋은 생활습관을 익히도록 돕는 데 주력하는 편입니다. 숙제를 챙기거나 학습을 도와주기도 하고, 방과후나 주말에는 다양한 체험활동도 합니다. 대부분의 활동은 유학센터나 농가가 중심이 되어 이루어지지만, 마을 전체가 배움터가 됩니다. 기본학습은 학교에서 이루어집니다. 작은 학교는 대개 한 반에 열 명이 넘지 않아 교사가 한 명 한 명의 학습과정을 꼼꼼하게 살핍니다. 또 아이들은 또래들끼리 서로 배우고 가르치면서 어른에게 배울 때보다 훨씬 빨리 배우기도 합니다.

● 전학 절차는 어떻게 되나요?

초등학생의 경우 학교에 전학 의사를 밝히고 유학 가는 지역의 학교에 전입학 신고를 하면 자동으로 전학이 이루어집니다. 중학생의 경우는 지역 교육청을 거쳐 전학이 됩니다. 농촌유학에 대한 이해가 있는 지역은 중학생의 전학도 쉽게 진행되는데 그렇지 못한 경우 까다롭게 굴기도 합니다. 대학입시에 유리한 농어촌특별전형을 악용하는 이들이 있어 지역 학교장은 전학 오는 학생들의 동기를 확인할 의무가 있는데, 이를 농촌유학 오는 아이들을 거르는 구실로 삼기도 합니다.

● 머무는 기간은 얼마 동안이 좋은가요?

유학 기간은 대개 1학기 시작부터 2학기 마감까지 1년 과정입니다. 너무 기간이 짧으면 지역아이들에게나 학교에도 좋지 않은 영향을 미치므로 전학을 전제로 최소 1년을 유학 기간으로 잡습니다. 아이들이 시골의 봄, 여름, 가을, 겨울, 사계절의 자연을 느껴보고, 단순 체험이 아닌 삶의 교육이 이루어지려면 1년 이상을 머무는 것이 좋습니다. 많은 아이들이 2년 이상 머물기도 하는데, 40년의 경험이 있는 일본의 활동가들도 2년이 가장 적절하다고 말합니다. 처음 1년은 일종의 몸 만들기 기간이고, 2년째부터 그야말로 주체적으로 시골 생활을 즐길 수 있게 된답니다.

● 비용은 얼마나 드나요?

대체로 100만 원 내의 입소비 또는 예치금이 있고 월 생활비는 현장에 따라 40~80만 원까지 차이가 있습니다. 대체로 70만 원 안팎의 생활비를 받습니다. 정부의 지원이 이루어지면서 앞으로는 비용이 좀더 낮아질 것으로 예상됩니다.

● 아이들이 부모랑 떨어져서 잘 지내는지, 또 몇 학년부터 가능한지요?

초기에는 힘들어하기도 하지만 곧 또래 친구들과 가까워지면서 잘 지냅니다. 다만 마음의 준비가 아직 안 된 아이를 억지로 떼어놓는 것은 역효과가 날 수 있으므로 단기 체험캠프를 거치게 해서 아이의 선택을 존중하는 것이 바람직합니다. 가족과 떨어져 살면 가족관계가 소원해질까 걱정하는 분들이 많은데, 가족관계는 함께 지내는 물리적 시간보다 함께 있을 때 질적으로 어떤 시간을 갖느냐에 따라 달라진다고 봅니다. 오히려 가족과 떨어져 지내는 시간을 통해 가족의 소중함을 느끼고 더 가까워지는 계기가 될 수도 있을 것입니다. 아이는 잘 지내는데 오히려 부모가 아이를 떼어놓은 상황을 못 견뎌하는 경우도 많습니다. 굳이 연령대로 보자면 3학년 이상 초등학생이 많은 편이고, 최근에는 저학년 학생이나 중학생들도 종종 참가하고 있습니다.

● 적응하지 못해 도중에 집으로 돌아가는 아이들은 없나요?

드물지만 있습니다. 맛보기 캠프와 같은 체험 프로그램을 통해 미리 접해보고 아이가 스스로 선택하게 하면 적응도 쉽게 할 뿐만 아니라 부모와의 관계도 더 수월한 편입니다. 이런 과정을 차근차근 밟은 아이들이 이후에 적응하지 못해 집으로 돌아간 경우는 거의 없습니다.

● 농촌유학 활동가는 주로 어떤 활동을 하고, 활동가가 될 수 있는 교육 프로그램이나 교육과정이 있는지요?

가장 중요한 것은 물론 아이들을 돌보는 역할입니다. 구체적으로는 생활교육, 노작교육 같은 활동을 주로 하고, 숙제나 학습을 도와주기도 합니다. 또 지역주민들과 소통하는 역할도 해야 합니다. 교사이자 보모, 지역활동가 등 다양한 역할을 해야 하는 셈입니다.

　농촌유학 활동가가 되려면 사)농산어촌유학전국협의회나 농림부에서 시행하는 활동가 입문과정과 농촌유학 기본과정에 참여하는 것이 좋습니다.(일정은 협의회에 문의하면 알 수 있습니다.) 활동가가 되는 가장 좋은 길은 마음이 끌리는 현장에서 몇 개월 동안 인턴으로 참여해보는 것입니다.

　● 농촌유학을 보내고 싶을 때 적절한 곳을 어떻게 알아보면 좋을까요?

　아름다운 자연과 아이를 돌보는 사람이나 기관, 아이가 다닐 지역 학교, 이 모두가 중요한 요소들이지만 가장 중요한 것은 결국 아이들을 돌보는 곳의 물리적 환경과 사람일 것입니다. 공간은 어떤지, 보호자나 활동가는 어떤 사람들인지, 유학을 다녀간 선배들은 어떻게 말하는지 두루 알아볼 필요가 있습니다.

　현재 전국에 25여 군데가 있는데, 대부분의 현장들이 농촌유학이 지닌 의미나 취지를 염두에 두고 진정성을 갖고 움직이고 있는 편입니다. 대개 블로그나 홈페이지를 운영하면서 일상의 생활 모습이나 활동 내용을 공개하고 있고, 더러는 다녀간 아이들이나 부모들의 감상들이 적혀 있기도 하므로, 먼저 기본 정보를 찾아본 뒤 체험캠프나 예비활동에 참여해보는 것이 좋습니다. 소문이나 온라인상에서 얻는 정보와 실제 상황이 다를 수도 있고, 또 평판은 좋지만 서로 안 맞을 수도 있으므로 직접 가서 보고 이야기를 나누는 과정이 필요합니다. 더 자세한 정보는 사)농산어촌유학전국협의회에 문의하면 안내받을 수 있습니다.

● 아이들은 도시 집으로 얼마 만에 한 번씩 가나요?

농촌유학센터에 따라 조금씩 다르긴 하나 보통은 2주에 한 번 집으로 갑니다. 금요일 학교 마치고 도시 집으로 가서 일요일 오후에 농촌으로 돌아옵니다.

● 도시로 돌아오면 아이가 적응하는 데 힘들어하지 않나요?

어떤 부모님들은 아이가 시골에서 마음껏 뛰어놀다가 도시로 와서 다시 학원 다니는 생활을 할 수 있을지, 경쟁 시스템에서 아이가 견딜 수 있을지 걱정합니다. 그러나 농촌유학을 하며 형성된 자립 생활 습관이나 자연에서 마음껏 뛰어놀아본 경험은 아이들에게 자신감을 주고 삶을 긍정하는 힘을 길러줍니다. 아이들이 도시에 돌아가서 시골에서의 생활과 사람들을 늘 그리워하지만, 그로 인해 도시에서 제대로 적응하지 못한다는 이야기는 들리지 않습니다. 오히려 언제고 다시 돌아올 또 하나의 고향이 생겼다고 이야기합니다.

2장

시골에 유학 온
도시아이들을
만난다는 것은

아이들에게는
기댈 이웃이 필요하다

김일복
15년 전 경남 함양 지리산 자락으로 귀농하여
일찍부터 농촌유학 아이들을 만나왔다.
사)농산어촌유학전국협의회 교육팀장을 맡고 있고,
햇살네로 불린다.

이웃들이 있어서 사람 사는 것처럼 산다

아이들은 주말이 쉬는 날이고 엄마는 월요일이 쉬는 날이다. 월요일 아침 먼저 일어난 현승이 웬일로 옷을 싹 입고 가방까지 메고는, 자는 엄마 앞에 떡하니 나타난다.

"현승, 몇 시니?"

"일곱 시 오 분이요."

"너 어젯밤에 아침에 쓰겠다고 한 일기 썼니?"

"아니요."

"그럼 일기 먼저 쓰고 밥 먹자."

엄마는 밥 달라고 채근하는 눈빛을 보내는 아이에게 할 일 먼저 하라 하고 아침 준비를 한다. 아이는 지난 주말 진짜 신나게 놀았다. 그렇게 놀고 나서 혼자 씩씩하게 숙제와 일기를 쓴 적도 있지만 이번 학기 들어서 귀가 시간이 늦어지는 바람에 일기 쓰기는 늘 뒷전이다. 밥을 먹고 현승이(초2)는 동생 종아(7살)와 이웃집 형아 승우(초3)와 힘차게 학교에 갔다.

아이들 아침상 정리하고 빨래를 돌리고 미뤄놓은 원고에 쓸 이야기를 메모하고 다른 책도 보려고 자리에 앉자 5분도 안 돼 셋째가 일어나 내 품을 파고든다. 어제 교회에서 엄마한테 떼를 단단히 부린 우리 연두다. 연두를 안고 아침인사를 하고 어제 잘못한 걸 다시 상기시켜주며 다시는 그러지 말자고 다짐받는다. 다시 시선을 책으로 돌리니 아이가 색연필을 쥐고 논다. 흰 종이에 요즘 좋아하는 하트 풍선을 많이 그려주고 나니 잠시 행복해진 아이는 엄마 공책에다 끄적거리더니 엄마가 잡는 연필 다 가져간다. 아~ 한계상황. 남편한테 연두를 맡기고 컴퓨터 앞에 앉으니 젖 줘야 하는 넷째가 눈을 뜬다. 막내 젖 주고 셋째아이 똥 닦으며 한바탕 신세 한탄을 하려는 찰나~ 우리 셋째의 한마디.

"엄마 연두 예쁘지?" 하하하…, 반전의 묘미. 그래 엄마는 세상에서 제일 행복한 엄마다.

시골살이 9년째, 그 인연으로 네 가족이 근처에 둥지를 틀었다. 가까이 사는 가족들은 급한 일이 있으면 서로 아이들을 돌봐주고 맛있는 게 생기면 나눠 먹으며 산다. 제일 든든한 이웃은 한 학기 동안 내려와 있는 승우와 강샘(승우맘)이다. 왜? 제일 가까이 살고 있기 때문이다. 곤충학자가 되고 싶은 승우 덕분에 아이들은 저들끼리 가재 잡으러 갈 생각을 하게 되었으며, 셋이 몰려 다니며 꽤나 재미있게 놀고 있다. 여유 시간이 생긴 두 엄마는 깻 잎을 따다 깻잎김치를 담고 열무를 쑥쑥 뽑아 김치를 담그며 부 엌을 따뜻하게 꾸려간다. 강샘, 햇살, 나무꾼 이렇게 세 어른이 아 이 다섯을 돌보는 셈인데, 우리 부부가 우리 아이 넷만 돌볼 때보 다 좀더 재미있다.

아이들에게는 이웃이 필요하다

우리집엔 월요일이면 서현이랑 서희가 온다. 서현이는 영어 공 부하러, 서희는 좋아 친구니까 온다. 아이들 학교에는 원어민 선 생님도 있고 교과 전담 선생님도 있다. 읽기 쓰기를 초등영어에 선 잘 하지 않아서 서현이는 수준에 맞는 교재를 가지고 우리집 에 와서 읽기 쓰기를 조금 하고 간다. 고등학생 송이도 온다. 학교 교재나 교과서를 가지고 하기도 하는데 언제 어디서든 쓰일 데가 있을지도 모르니 일주일에 한 번 정도만 하자 마음먹고 한다.(이 렇게 이야기는 하지만 송이는 저 편할 때랑 시험 기간에만 온다.) 물론 고등 영어이고 나도 제대로 영어 공부를 한 게 언제인지 가물가 물하니 종종 헤맬 때도 있다. 그래도 난 같이 공부하는 동네엄마 이니 씩씩하게 어려운 부분은 과감히 사전을 펼쳐가며 한다. 이 아이들에겐 잘 가르치는 선생님이 필요한 게 아니라 아이들의 마음을 읽어주고 고민을 들어주고 한땐 자기 삶을 어떻게 꾸려가야 할지 몰랐던 이웃 어른이 필요하다.

수요일엔 열 명의 아이들과 한 시간 정도 학교 도서관에서 '콩 한쪽 공부방'을 한다. 지난 6년 교회와 면사무소에서 하던 공부 방이었는데 같이 하는 홍선생님의 활약으로 학교에서 하게 되었다. 도서관에서 하는 둘째 날 선생님이 전해주신 서류를 채우다 보니 공부방 이름이 없다. 이름을 뭐로 할까 의논하는데 아이들도 고개를 갸웃한다. 간식으로 싸온 고구마와 사과를 나눠먹으면서 '콩 한 쪽도 나눠 먹는 공부방' 어때 하고 물으니 좋다고 한다. 아이들이 지어주었으면 더 좋았겠지만 뭐 어떠랴… 우리 공부방도 드디어 이름이 생겼다. 학교 가는 첫날 연수(가명)에겐 특별히 눈을 맞추며 말했다.

"연수야, 다음 주부터 수요일엔 아줌마 학교 오니까 도서관으로 꼭 와라."

눈이 땡그란 연수는 멀뚱멀뚱 쳐다보기만 한다. 곁에 있는 다른 아이들이 저희도 오면 안 되냐고 한다. 엄마한테 허락받고 다음 주부터 오라고 했다. 그 다음 주에 학교에 가니 연수도 수연이도 소이도 왔다. 연수는 기회가 되면 꼭 챙겨주고 싶은 아이였다. 엄마 있는 아이들도 숙제를 하기 싫어서 몸을 배배 꼬는데 살뜰하게 챙겨주는 이 없는 아이들은 숙제 안 해왔다고 종종 혼나는 모양이다. 연수가 와서 숙제를 기분 좋게 하고 가는 걸 보니 나도 기분이 좋다.

우리집에서는 2003년부터 도농교류학습을 하고 있다. 우리집을 아는 분들은 "그 작은 집에서?"라며 놀란다. 그렇다. 우리집은 작다. 하지만 집이 커야 할 수 있는 일은 아니지 않은가? 집은 딱 몸 누이고 먹고 책 읽을 정도만 있으면 된다고 생각한다. 뛰어노는 건 밖에서도 충분히 할 수 있다. 물론 비오는 날은 감당이 되지 않는 적도 있지만 그런 날은 엄마의 재치와 솜씨, 아이들 안에 숨어 있는 놀이의 힘으로 이겨낼 수 있다.

지난 토요일 수원에서 찬규와 찬규맘이 와서 된장찌개와 호박전으로 차린 밥상을 마주하고 두런두런 이야기를 나누었다. 찬규는 현승이 승우와 놀러나간다. 찬규는 10월 19일부터 한 달을 지낼 친구다. 여러 번 통화도 하고 정성들여 쓴 참가신청서도 보았지만 이렇게 찬규와 찬규맘을 마주하고 보니 만나길 잘했다는 생각이 든다. 그 뒤에 한별이네 가족도 왔다. 한별이 언니 예슬이는 2004년에 우리집을 다녀갔다. 한별이 가족을 다시 마주하니 옛일이 새록새록 생각난다. 11월이라 날씨가 제법 쌀쌀해서 아이들은 저녁이면 자기네 땔나무를 해오기도 했고 학예회도 했으며 날이 좋았던 주말엔 동네 개울에서 놀기도 했다. 한별이와 한별맘의 참가신청서는 최근 받은 참가신청서 중 제일 감동적이었다. 그러나 한별이 마음은 교류학습을 딱 정하지 못한 눈치다. 우리는 한별에게 생각할 시간을 주기로 했다.

이번 학기엔 부모참여형 시골살이(1학기)를 하고 있는 승우와 승우맘이 이웃에 와 있다. 그리고 한 달 동안 교류학습에 참가할 친구들이 서너 명 정도 준비를 하고 있다. 학교에서는 전학형으로 받고 싶다고 하시지만 아직 내 주변엔 한 학기씩 할 친구들이 많지 않다. 학교에 잘 부탁드린다 말씀을 드리고 아이들은 교류학습 서류를 쓰고 온다.

농가에 한 학기나 일 년씩 아이들이 와 있는 것은 쉽지 않은 일이다. 일단 근처에 아이들을 같이 돌봐줄 수 있는 뜻 맞는 가족이 한 가족 이상은 있어야 가능하다. 그렇다고 교류학습이 쉬운 건 아니다. 학교로서는 정원 외 관리이기 때문에 교장선생님의 재량이 크게 작용한다. 요 몇 년간은 교장, 교감선생님의 배려로 아이들을 잘 받아주셨지만 두 분 다 바뀐 이번 학기에는 또 처음 하는 마음으로 조심스럽게 준비하고 있다. 아이들이 와 있는 것은 늘 조심스러워야 함이 맞다. 그리고 선생님들이 걱정하시는 부분도 이해가 된다. 교장선생님은 이런 일을 왜 하느냐 물으신다. 그래서 요즘은 내가 이 일을 왜 할까 다시 생각해본다.

이곳 함양 마천초등학교는 농촌유학 실행지 중에 드물게 위탁교육을 하고 있는 곳이다. 다른 지역은 위탁교육을 시도하다가 지금은 대부분 전학형으로 바꾸었다. 학교로서도 아이들이 지역에 전학을 와서 한 학기나 일 년 정도 다니는 걸 원한다. 전학형도 쉬운 건 아니지만 그 못지않게 단기 위탁교육도 쉽지 않다.

학교와 어려운 점 하나는 위탁교육이 교장선생님 재량에 따라 달라진다는 점이다. 위탁교육의 장단점을 놓고 단점을 지속적으로 보완하는 노력이 필요하다. 지역 학교와 7년째 위탁교육을 하면서 50여 명의 아이들이 다녀갔지만(43명의 아이들이 2주, 7명의 아이들이 한 달) 학교와의 관계는 늘 새롭고 어렵다.

방학에 들살이를 다녀간 아이들로 한정해서 신청 요건을 강화해 이번 학기엔 한 달 위주로 아이들 모둠을 꾸렸다. 아이도 농가 가정 경험이 있을 때 가정생활과 학교생활을 하기가 더 쉽다. 부모님과 떨어져 지내니 이런저런 어려움이 있어서 이번 학기부터는 전학형 부모참여 시골살이도 하고 있다. 이웃의 빈 집을 얻어서 지낸다. 마을에 가정이 하나 더 늘어난 셈이다. 주말이면 같이 나들이도 하고 아이들은 저들끼리 가재도 잡고 온갖 놀잇거리들을 스스로 찾아내고 있다. 어른들은 김치도 같이 담그고 식사준비도 함께 하면서 따로 또 같이 생활하고 있다. 아이들도 좋고 어른들은 더 좋은 부모참여 시골살이다. 물론 여기엔 마음이 맞는 이웃이라는 점이 아주 중요하다.

시골살이라는 보약 한 첩

시기별로 다르지만 한 달에 20여 통 상담 전화를 받는다. 처음 전화를 하는 분은 아이가 이번 학기에 위탁교육이 가능한지 전학형도 가능한지 문의를 한다. 그럼 햇살은 심호흡을 한 번 하고, 어디서 이런 이야기를 들으셨는지, 왜 하고 싶으신지 질문을 한다.

보통 언론, 인터넷 검색, 주위에서 소개받은 경우로 나뉜다. 이중에서 소개받고 연락주신 경우는 연결될 확률이 제일 높다.

왜 하고 싶은지에 대해서는 아이가 학교생활에 어려움이 있는지 아니면 자연체험이 필요한지 두루 이야기를 나눈다. 이런 과정에서 도시 학교의 왕따 문제, 아토피로 고생하는 경우, 회색 도시에서 자연체험을 못하는 어려움 등을 듣는다. 물론 더 어려운 이유도 있다. 컴퓨터를 너무 많이 해서 보내고 싶다든지, 학교 가기를 무조건 거부한다든지, 학교 친구들과 문제가 생긴 경우이다. 식구처럼 지내도 무리가 없겠다 싶은 친구들은 더 상담을 한다. 하지만 내가 감당하지 못하겠다 싶은 경우에는 부모님과 같이 지내는 부모참여를 권하거나 다른 방법을 안내해드리기도 한다. 이런 과정을 거쳐서 모둠을 꾸리는데, 이 과정이 제일 어렵다. 들살이를 미리 다녀간 친구는 천천히 서류준비를 하도록 하고 한 번도 만나지 않은 친구는 부모님과 다녀가도록 일정을 잡는다.

아이들이 시골생활에서 제일 어려워하는 부분은 화장실 사용이다. 그것 때문에 못 오겠다는 아이들도 있다 보니 신청 인원이 많을 때는 아이들 수를 줄이는 데 아주 유용한 기준이 되기도 한다. 도시와 달리 시골에서는 의식주가 아주 가까이 있다. 옷감을 직접 짜지는 않지만 아이들은 스스로 입을 옷을 정하고 더러워진 정도에 따라서 빨랫감으로 내놓아야 한다. 먹거리는 아이들과 같이 집 가까이서 거두거나 믿을 만한 농부들에게 구입해서 먹는다. 집안 정돈은 아이들과 함께 하며 구들방에 군불을 지필 땐 나무도 마련해야 한다. 삶의 매순간이 배움이고 공부다. 수세식 화장실을 만들면 더 많은 아이들이 오고 더 많은 사람들이 편하게 머물다 갈 수 있겠지만, 우리는 수세식 화장실을 쓰지 않음으로 해서 잃는 것보다 얻는 것이 더 많다. 잿간 화장실에서는 채마밭을 일굴 거름이 나온다. 물 사용량은 수세식 화장실을 쓰는 집보다 훨씬 적다. 우리 생각에 동의하는 사람만 우리집에 머문다. 지구를 위해서는 잿간 화장실이 좋다. 그래서 우리는 잿간 화장실을 미래형 화장실이라고 소개한다.

시골살이 기간 동안 아이들을 떼어놓고 부모님들은 많은 생각을 하신다. 아이들이 없는 동안 하고 싶은 일이 많았는데 생각보다 일이 손에 잡히지 않는다고 한다. 날마다 블로그에 들어와 아이들의 일상을 보면서 감탄하기도 하고 걱정하기도 한다. 아이는 부모의 거울이라 부족한 아이를 보내놓고 더 걱정을 하시는 분들도 있다. 아이들은 부모님과 편지를 주고받기도 하고 가끔 전화를 하기도 한다. 한 아이 한 아이 다녀간 후에 전해주는 이야기는 뿌듯하기도 하고 아쉽기도 하다. 이렇게 다녀가는 가족과 두고두고 관계를 맺는 경우가 많다.

세현(가명)이는 학교생활이 어려워서 머리가 많이 아팠었는데 시골에서 지내며 약도 찾지 않고 몸과 마음이 건강해졌다. 교우관계가 힘들고 학교 일진들 때문에 고생을 해서 어쩌나 걱정했는데 일진들과도 우회적으로 갈등을 피하는 식으로 마음이 편해졌

다고 한다. 세현맘은 햇살네 지역농산물을 애용하고 가족여행을
오기도 한다. 세현이가 어려울 적 시골살이를 해서 보약 한 첩 먹
은 것 같다고, 또 가족이 함께 다녀가시고 나서는 온 가족이 보약
한 첩 먹은 것 같다고 한다.

사는 게 교육이고
노는 게 일

김미진
울산 소호마을로 귀촌한 지 15년째,
지금은 교직을 그만두고 농촌유학 아이들과 지내면서
사)농산어촌유학전국협의회 사무국장을 맡고 있다.

작은 학교가 있는 마을로 귀촌하여

이 마을에 산 지도 벌써 15년째 접어든다. 처음 소호마을에 왔을 때, 눈 내린 풍경과 웅장하면서도 따뜻한 느낌을 주는 산들, 차갑지만 상쾌한 산골의 바람… 그 장면, 그 느낌을 아직도 기억한다. 무엇보다 마을 중심에 자리 잡고 있는 교실 서너 칸의 작은 소호분교와 운동장 한가운데를 지키고 선 아름드리 느티나무. 첫눈에 반했다는 말이 딱 맞았다. 그래 이곳이다, 이런 곳에서 아이를 키우자! 아들 남건이가 마침 초등학교에 입학해야 할 나이였고, 나는 도시의 대규모 초등학교에서 교사 생활을 하고 있었던지라 학교 실상을 너무나 잘 알고 있었다. 마을을 보고 한 달 만에 귀촌을 했으니, 우리 부부의 단순함에 다들 놀랐다.

드디어 아들 남건이가 여자아이 둘, 남자아이 둘 있는 작은 교실에서 소호분교생으로 출발했다. 그리고 다음 해엔 딸 리현이가 빨리 학교 가고 싶어 해 일곱 살에 조기 입학까지 했다. 아침이면 앞집 6학년 민주누나네 집에 작은 부락 아이들이 다 모여서는 학교를 같이 간다. 나도 근무하던 학교가 멀어 아침에 제법 서둘러 집을 나서는 편이었는데 우리 마을 아이들은 나보다 더 일찍 학교를 간다. 아침부터 농사일이 바쁜 시골 사람들은 아이들도 일찍 일어나 서둘러 밥을 먹이기 때문이다. 우리 아이들은 원래 늦게 일어나는 편이었는데 언니들 틈에 못 낄까봐 얼른 밥을 먹고 총알같이 내빼곤 했다.

아침에 바빠서 머리 한 번 제대로 빗겨주지 못하고 학교를 보내도 집에 돌아올 때는 예쁘게 머리가 땋아져 있곤 했다. 학교서 언니들이 돌아가며 머리를 묶어주곤 했다. 언니들 따라 오디를 따먹곤 입가가 시커매져 오기도 하고, 마을에 산딸기가 어디쯤에 많이 숨어 있는지도 알게 됐다. 어느 날은 "엄마, 찔레도 먹을 수 있다!"며 자랑도 했다. 이웃집에 무 뽑는 일 도와주러 가서는 무를 한 자루 얻어 오며 돌아오는 길 내내 흙 묻은 무를 입으로 껍질 벗겨가며 와작와작 씹어 먹고 오는 날도 있었다. 남의 집 일도 도울 줄 안다고 착하다 하니, 사실은 새참 얻어먹을 욕심에 따라나섰다고 실토해 웃음바다가 된 적도 있다.

무엇보다 시골로 귀촌하길 잘했다는 생각이 들었던 것은 좋은 이웃을 만났기 때문이다. 부부가 둘 다 직장생활을 하다 보니 도시에서 살 땐, 평일엔 직장과 집, 주말엔 휴식이나 가족행사가 줄지어 있었고, 친정가족들 외엔 아이를 부담 없이 맡길 곳이 없었다. 시골에 와서 살다 보니 내가 늦게 퇴근해 오는 날에도 아이들이 마을 어디엔가 놀고 있다는 생각에 얼마나 안심이 됐는지 모른다. 특히 영순언니네 집에서 같이 놀고 같이 자며 아이들이 같이 커가는 걸 보며 가족 아닌 누군가도 우리 아이들을 염려해주고 키워주고 있다는 생각에 귀촌하길 정말 잘했다 싶었다.

탈학교 그리고 농사

그러다 우리 아들이 분교를 졸업하는 그 해, 나도 학교를 떠났다. 10년 동안 해온 교사 생활을 그만둔 거다. 사람들은 그 좋은 직장을 왜 그만두느냐며 말리기도 하고 걱정도 했다. 시골에서 농사만 짓고 어떻게 사냐. 게다가 분교를 졸업하는 아들까지 중학교 진학을 안 하고 홈딩굴링(홈스쿨링까지는 아니고)을 한다하니 다들 입을 쩍 벌리며 말을 잇지 못했다. 남편도 귀촌 후 몇 년이 지나 회사를 그만둔 데다가 나마저 정기적인 수입이 없어질 뿐만 아니라, 시골에서 농사짓겠다는 사람이 집도 땅도 없는 판이니 다들 얼마나 걱정을 했을까.

하지만 이대로 살 수는 없다는 생각이 컸다. 학교라는 곳이 점점 성적이든 생활이든 아이들을 옭아매고, 나 또한 원하지 않아도 점점 그 역할을 수행해내야 했고, 스스로 원하는 교사가 되려면 엄청난 에너지가 필요하고, 점점 지쳐가는 자신을 보고 있노라니 마음이 무겁고 아팠다. 그 결과로 얻는 이른바 '안정'이라는 게 뿌듯하지도, 안심이 되지도 않았다. '이건 아닌데' 하면서도 질질 끌고 있던 셈이었는데, 귀촌해서 한 몇 년 살아 보니 탈학교 할 수 있겠다는 용기가 생겼다고 할까.

물론 귀촌해서도 농사도 제대로 짓지 못하고 무늬만 시골생활을 했지만, 마을 사람들이 살아가는 모습을 보며 사람이 사는 데는 다양한 방식이 있구나 하고 몸으로 느끼게 되었다. 회사나 학교를 그만두면 당장 굶어 죽을지 모른다는 두려움 때문에 그동안 보지 못했던 세상의 다른 면을, 소호에서 본 셈이다. '나는 학교를 그만두는 것이지 열심히 사는 일을 그만두는 것이 아니다' 하고 스스로 용기를 낼 수 있었다. 아들 남건이도 마찬가지였다. 교육과 또래 아이들을 독점하다시피 하고 있는 학교라는 시스템을 거부한 것이지, '배움'을 거부하거나 '관계'를 거부한 것이 아니라는 것….

이렇게 우리 가족은 또 다른 세상의 문을 열게 되었다. 하지만 역시 농사는 만만치 않았다. 허리 아프게 감자 심고, 끝없이 자라는 풀들과 싸우고, 어른들이 모두 절레절레 뜯어 말리던 고추 말리는 작업도 했다. 손수 키운 배추를 뽑아서 나를 땐 그 예쁜 배추가 어찌나 무겁던지, 농사란 게 이리 힘든 일이구나 절감했다. 남편은 시골에서 소라도 몇 마리 있어야 든든하지 않겠냐며 소 키우는 일을 시작했다. 생전 처음 하는 일들에 하루 일을 마친 저녁 이면 둘 다 뻗기 일쑤였다. 그리 힘들게 일한 배추 한 포기, 감자 한 상자도 막상 팔려고 하니 왜 그리 쑥스럽던지.

그렇게 살다 영순언니가 시작한 농촌유학을 함께하게 되었다. 당시는 언니집에서만 아이들을 맡았지만, 마을 특성상 유학 온 아이들은 자연스레 마을에서 자랐다. 그때 나는 농촌유학 아이들을 맡을 엄두는 내지 못했다. 그동안 가족 중심으로 살아온 삶의 방식을 어찌하고 도시아이를 가족으로 받아들일 수 있을까, 24시간 삶이 노출되는(?) 환경을 감당할 수 있을까 걱정이 됐다. 그런데 봄, 여름, 가을이 가고 겨울이 지나 유학 온 아이들이 다시 도시로 돌아갈 무렵, 마을 '이모'로만 존재하던 나도 그 아이들이 내 마음에 자리 잡고 있었구나 하는 걸 느끼게 됐다. 아이들이 언제까지나 우리 마을에 살 거라고만 생각했는데 다시금 도시로 돌아간다고 하니, 미처 느끼지 못하고 있었던 사실, 나도 그 아이들을 염려하고 함께 키우고 있었구나 하는 걸 깨닫게 된 것이다.

어른도 성장시키는 농촌유학

그리고 다음 해 드디어 농촌유학을 시작하게 되었다. 시골에서 내가 잘 할 수 있는 일이기도 하고, 내가 해보고 싶은 일이기도 해서였다. 잘 할 수 있는 일과 하고 싶은 일의 일치? 시골에서 행복하게 살아가고 싶다는 목적과 시골에서 살아가는 수단의 일치? 목적과 수단이 일치되는 한 방식으로 농촌유학이 눈에 들어온 거다. 그래 이런 일이라면 한번 해보자! 결심하는 데 가장 큰 힘이 된 것은 영순언니와 마을사람들이었다. 힘들면 의지할 데가 있다, 고민을 털어놓을 데가 있다, 혼자 안 되면 의논해가며 하지 뭐, 그렇게 호미댁의 농촌유학이 시작되었다.

남의 집 아이들을, 그것도 도시문화에 익숙한 아이들을 농가에서 키운다는 건 쉬운 일이 아니었다. 아침에 일어나기, 20분 거리인 학교까지 걷기, 놀고 싶은데 농사일 하기 등 하나같이 쉽지 않다. 몇 안 되지만 관계의 어려움을 풀어가는 일도 힘들었다.

물론 힘들 때보다는 아이들 덕분에 웃을 때가 더 많지만. 어쨌든 사람 사는 일이란 아이나 어른이나 도시나 시골이나, 빛이 있는 곳에 그늘이 함께 존재하는 것처럼 좋은 만큼 어려움이 따르기 마련인가 보다. 그럴 때마다 언니나 마을의 다른 엄마들에게 물어보고 또 물어보고, 같이 울기도 하며 서로 도움을 주고받았다. 그러다 어느 날 깨달았다. 이 아이들을 나 혼자 키우고 있었던 게 아니었구나. 도시 유학생 부모와 이 아이들을 함께 키우고 있는 것처럼, 이 마을 이모들과 아저씨들, 심지어 마을 어르신들까지도 함께 이 아이들을 키우고 있었구나. 누군가 우리가 하는 걸 '마을공동체형 농촌유학'이라 부르는 걸 그저 갖다 붙인 말이겠거니 했는데, 직접 해보니 비로소 그 말이 그저 빈말이 아님을 깨닫게 된 것이다.

그 다음 해, 2년 동안의 농촌유학을 끝내고 서울로 돌아가는 우혁이를 보며 내 아이와는 또 다른 느낌을 받았다. 우혁이에게 소호마을 아이들과 어른들이 갖는 우정과 사랑, 그 느낌은 말로 표현하기 어려운 것이었다. 앞으로 우혁이가 성장하면서 힘든 일이 있을 때, 그저 누군가에게 기대고 싶을 때 훌쩍 다니러 올 수 있는 고향, 그 고향의 이모가 될 수 있으면 좋겠다는 생각이 들었다. 그건 우혁이 같은 유학생에게만 좋은 게 아닐 것이다. 소호마을 사람들에게도 우리를 찾아와주는 아름다운 관계가 있다는 것은 참으로 따뜻하고 아름다운 일이다.

처음에 내가 농촌유학을 할 수 있을까 망설였던 이유, 부모 곁을 떠난 도시아이를 온전히 맡을 수 있을까 하는 의문은 지금은 많이 가벼워지고 달라졌다. 아이를 나 혼자 키우는 게 아니고 마을이 함께 키운다는 생각, 그리고 (일터와 삶터가 일치되다 보니) 내 생활이 24시간 노출되는 것은 맞지만, 그게 바로 내 일이자 삶이고 교육이라는 생각을 하게 되었다. 요즘은 이렇게 말한다. '내가 사는 게 곧 교육이고, 아이들과 노는 게 일'이라고. 아이들과 같이 농사를 짓고, 시골살이의 불편함과 어려움을 알고, 마을에서 관계를 배우고, 사람이 사는 데 중요한 게 뭔지를 느끼며 살아가고 있다.

농촌유학이 마을에, 마을아이들에게, 무엇보다 도시아이들에게 큰 의미가 되겠다는 건 농촌유학을 하면서 점점 더 느낀다. 그런데 '아이들 살리기'나 '마을 살리기' 못지않게 중요한 것이 나와 같은 '어른 살리기'가 아닐까 싶다. 아이들과 지역을 살리는 일도 지금의 우리 어른들이 건강하고 행복해야 가능한 일이라고 생각하기 때문이다.

마을에서 행복을 찾는 어른들을 보며 농촌유학이 던져주는 또 다른 의미를 생각하게 된다. 도시에서 환경운동 하다 시골 작은 학교에 아이를 보내고 싶어 온 태민이 엄마, 아이들을 농촌유학 보내고 싶어 농촌유학 예비캠프를 몇 차례 보내다 그만 엄마 아빠까지 아이들과 함께 들어와버린 규민이네, 중학교 들어가는 큰 아들과 초딩 2학년의 철부지 작은아들을 소호마을에서 키우고 싶어 순식간에 귀촌해버린 복순언니네, 애들은 이래 커야 한다며 먼 출근길도 마다않고 열심히 다니다가 결국 태권도장을 그만두고 시골서 이런저런 일을 하다 올해부터 농촌유학을 하고 있는 충현이네 아빠. 우리는 아이들을 함께 키우는 걸 뛰어넘어 서로 멘토가 되고 친구가 되어 같이 어울려 살아가는 재미를 한껏 누리고 있다.

아이들 이야기하느라 모였다가도 우리가 아이들보다 더 행복한 것 같다는 착각에 빠지곤 한다. 마치 우리들이 농촌유학 온 아이들처럼 성장해가고 있는 것 같다. 여태껏 도시 문화 속에서 익숙하게 살다가 아름다운 자연의 품에서 함께 사는 재미를 하나하나 알아가며 커가는 농촌유학생들처럼….

농촌유학 할머니가 되는 꿈

농촌유학을 하며 꿈이 하나 생겼다. 농촌유학 하는 할머니가 되는 것. 할머니가 된 내가 도시아이들을 손주처럼 넉넉하게 품는 상상을 해봤다. 우리가 이 마을에서 지금처럼 이렇게 함께 살아가면 언젠가 그 꿈이 이루어지지 않을까? 마을 아줌마, 아저씨들이 머리 희끗희끗한 할아버지 할머니가 되어 유학 온 아이들 키우며 지금처럼 오순도순 재미나게 사는 꿈. 그러다 아이들이 훌쩍 커서 어른이 되어 다시 우리를 찾아오고, 우리처럼 살게 되는 아이들도 나오고… 그러면 얼마나 멋질까?

조금 전까지 집 안에 유학생 아이들 웃음소리와 재잘거리는 소리가 끊이질 않았는데 이제 다들 잠자리에 들었다. 저녁 때 일기 쓰다가 낮에 개울에서 빠진 애기며 누구랑 누가 좋아한다는 애기 같은 걸 하다가 얼마나 웃었는지 모른다. 방앗간에서 뽑아온 가래떡으로 떡볶이를 해줬더니 금세 싹 비웠다. 이래저래 음식 투정하던 녀석들도 옆에 다른 녀석들이 잘 먹으니 덩달아 잘 먹는다. 다들 외동이나 막내로 살던 아이들이라 서로 양보하는 것 모르고 살아도 괜찮았는데, 우리집에 와서 동생도 생기고 한 방에 여러 명이 자야 하다 보니 불편과 양보쯤은 너끈히 감수한다. 어젯밤에도 잠자리 쟁탈전이 벌어져 서로 가운데서 안 자려고 다투며 언성까지 높이더니 오늘 아침에는 아무 일 없었다는 듯 사이좋게 같이 학교에 갔다.

이제 3월이 지나면 슬슬 농사일이 바빠질 텐데 아이들과 무슨 농사를 지을지도 얘기해봐야겠다. 감자도 심고, 고추도 심고, 아이들은 옥수수 먹고 싶다며 찰옥수수도 심자고 한다. 피망 싫어하는 석준이에게 피망도 심자고 하고 당근이 제일 싫다는 민준이에게 당근도 심어보자고 하며 약을 올려야겠다.

'남의' 아이,
'내' 아이 벽 허물기

홍성희
춘천 별빛마을로 귀농하여 농촌유학 아이들을 만나왔다.
지금은 정신분석센터 판도를 꾸리고 있다.

자연스레 찾아온 아이

사람들은 으레 감정이 자연스러운 것이라 생각한다. 자신의 마음 안에서 생겨났으므로. 그래서 어떤 사안을 마주했을 때 드는 감정을 내 것을 넘어 인간 고유의 것이라고 여기기도 한다. 더 나아가 감정에 근거해 의견을 내놓고 거기에 당위를 담고, 비슷한 여러 개를 모으고 모아 상식이라는 이름으로 힘을 행사한다.

하지만 사람의 감정은 그 이전의 상황에 영향을 받으며, 시간이 지나면서 사회의 관습에 길들여지고 다듬어진다. 이를 인식하면서 사고하지 않으면, 우리 주변에 둥둥 떠 있는 '일반 정서'라는 것은 통제 불가능한 편견으로만 그 기능을 하기 쉽다. 그래서 때론 중국집에 가서 짜장면을 시키는 누군가에게 "해물 우린 짬뽕

국물이 얼마나 맛있는데, 넌 짬뽕을 싫어하는구나"라는 말을 하는 엉뚱한 상황도 발생한다. 더 나아가 마음속으로 '짜장면을 시키는 걸 보니, 짬뽕 시킨 나를 별로 좋아할 리가 없어'라고 생각하기까지 한다.

6년 전, 내가 도착한 강원도 춘천의 한 작은 마을의 공부방에서는 초등학교의 폐교를 막기 위해 농촌유학이라는 것을 고민하고 있었다. 그 방안 중 하나로 도시아이들이 방학을 이용해 참여하는 산골캠프를 열게 됐다. 농가 체험 형식으로 아이들이 우리집에도 와서 하룻밤 자기로 했다. 난 '아이'라는 사람에 대해서 모르기도 하고 좋아하지도 않지만, 마을에 적응해 볼 요량으로 거부하지 않았다. 근데 생각지 못한 문제가 생겼다. 가장 다루기 힘든 아이를 (우리 부부가 젊다는 이유로) 우리집에 보낸다고 했다. 설상가상으로 추가부탁까지 받았다. 아이가 머리를 감지 않는데, 웬만하면 씻겨서 보내달란다. 듣는 둥 마는 둥 했다. 전문가인 캠프 선생님들도 씻기지 못한 아이의 머리를 난 애초부터 신경 쓰지 않았다.

다섯 명의 아이들 틈에 껴서 그 아이가 왔다. 예상과는 달리 난 힘들지 않았다. 난 그 아이에게 아무것도 요구하지 않았고, 그 아이도 내게 아무것도 요구하지 않았다. 서로 아무런 감정을 싣지 않고 하룻밤을 보냈다. 아침이 되어 마을회관에 보내기 직전 왜 내 손에 초콜릿이 있었을까 모르겠다. 내가 일부러 준비한 건 아닌 걸로 기억한다. 아이들에게 하나씩 나눠주었다. 키세스 초콜 릿, 엄지손톱만 한 것을. 나에게 아무런 이야기를 하지 않던 아이 가 처음으로 또박또박 말했다. 하나 더 주세요. 싫어. 왜요? 하나 씩 더 돌아가지 않아. 모자라. 그럼 저만 주세요. 싫어. 말도 안 돼. 근데 바로 그 순간, 초콜릿을 향한 아이의 눈빛을 보았다. 다이아 몬드를 직접 보진 못했지만, 아마 저 눈빛과 흡사 같으리라. 혹시 머리를 감는다면 모를까. 감을래요! 진짜? 그래도 하나만 줄 수 있어. 이 작은 거. 네. 감을래요. 맘대로.

그 아이와 밀당을

한 달이란 시간이 지나고, 마을 공부방은 세 명의 유학생들로 농촌유학을 본격적으로 시작했다. 우리는 그 아이를 맡는 농가가 되었다. 아이가 학교 수업을 마치고 마을 공부방에서 다양한 놀 이로 펼쳐지는 산골체험까지 마치고 돌아오면 여타의 가정집처 럼 저녁시간을 함께 보내며 하루를 마치는 것이다.

아이를 키우는 일은 쉽지 않았다. 봄이 되고, 여름이 지나고, 가 을이 와도, 난 도무지 아이라는 사람과 같이 사는 데 적응되지 않 았다. '미친 년 널뛰듯' 하는 천방지축 일상의 끝은 도대체 어디인 지. 조금만 견뎌내면 마을 공부방과 아이, 그리고 아이 부모와 약 속한 일 년이 채워진다. 그런 마음으로 추운 겨울을 보낼 채비를 하고 있었는데….

마트에서 장을 보고 있던 날이었다. 아이한테 전화가 왔다. 웬일로 이리 일찍 왔어? 조금만 기다려. 새끼 고양이를 보건소 옆에서 주웠어요. 근데? 추워서 얼어 죽을까봐 데리고 왔어요. 뭐라고? 집에 같이 있어도 돼요? 아니. 절대 안 돼.

편리한 도시를 떠나, 식당도 편의점도 없는 외딴마을에서 살아내기도 힘들어 죽겠는데, 아이와 함께 사는 것도 정신없는데, 집 안에 고양이까지? 안 될 말이다. 그럼 현관에는요? 그래. 우선 현관에 둬. 거실에 두면 안 돼. 한 발짝도! 허둥지둥 집으로 달려왔다. 아이는 현관 바닥에 쪼그려 새끼 고양이를 안고 있었다. 추운데 감기 걸리게 왜 이러고 있어? 고양이를 안에 두면 안 된다고 해서요. 고양이가 추워할 것 같아서요. 전 괜찮아요.

순간, 아이의 눈빛에서 두 번째로 보았다. 초콜릿을 위해 머리 감을 때의 바로 그 눈빛을 말이다. 난 속으로 쾌재를 불렀다. 이젠 역전이구나. 안 돼! 다시 갖다 놔. 보건소 앞에. 어미 고양이가 찾을 거야. 이빨도 안 난 새끼를. 엄마 품이 아니면 죽어. 얼른! 주변에 아무 고양이도 없었어요. 엄마를 잃은 것이 분명해요. 아니야. 네가 데려와서 서로 어긋난 걸 거야. 더 늦기 전에 빨리 데려다 놔. 제발 키우게 해주세요. 키워? 말도 안 돼. 아줌마는 고양이 키우는 것을 세상에서 제일 싫어해. 제발요. 뭐든지 다 할게요. 뭐든지? 네. 뭐든지!

정말 아이는 뭐든지 다했다. 새끼 고양이 이름을 '만두'라 지어

놓고, 만두를 위해서라면 지고지순한 사랑을 하듯 뭐든지 다 바쳤다. 만두를 돌보는 일뿐 아니라, 씻는 것, 먹는 것, 자신이 어지른 것 치우기. 뭐든지 시키는 일은 다했다. 난 일 년 동안 아이한테 당한 한을 실컷 풀었다. 내 마음에 들지 않았던 아이의 나쁜 습관은 거의 없어졌다. 시키는 대로 안 하면 한마디만 하면 되었다. 안 해? 만두 어디 있니? 당장 갖다 버릴 거야! 그러고는 난 아이가 학교에 가면 하루 종일 만두랑 놀았다. 고양이가 이처럼 예쁜 존재인 줄 몰랐다. 만두의 도도함과 애교에 웃고 또 웃었다. 그리고 아이가 집에 오면 말했다. 아줌마가 오늘도 만두 때문에 얼마나 힘들었는지 알아? 아줌마는 고양이가 정말 싫어. 그렇지만 네가 키우고 싶다고 하니 특별히 키우는 거야. 어서 씻고 네 방 청소해라. 이따가 저녁 반찬도 골고루 먹고.

같이 사는 선택

5년이란 시간이 지났다. 초콜릿과 고양이를 사랑하고, 사랑을 위해서 자기 자신을 던질 줄 알던 아이는, 자라면서 놀이에 빠지고, 책에 빠지고, 사격에 빠졌다. 난 그때마다 다이아몬드처럼 빛나는 영혼의 눈빛을 발견하고 때로는 증폭시켰으며, 때로는 감탄하고, 때로는 이용했다. 그리고 거침없이 가볍게 노닐 수 있는 힘을 내가 역으로 아이에게 배우며 살고 있다. 우리집에 머무는 산골유학생 아이들은 늘어났고, 아이들로 인해 웃는 날도 늘어났으며, 아이를 낳는 고통을 겪지 않았음에도 아이를 키우는 행복을 누리게 된 것에 대해 인생의 무임승차 같은 느낌마저 들었다.

한 달에 한 번 유학생들이 집으로 가는데, 아이들이 없는 사이 잠시 쉬면서도 이 세상 모든 부모들의 삶을 생각하고 걱정하는 오지랖도 펼친다. 한 달에 사흘, 잠시지만 푹 쉬면 이렇게 피로가 풀리는데, 부모들에게 이렇게 정기적인 휴가가 있다면 힘든 육아에 조금이라도 단비가 되지 않을까. 또한 아이를 매개로 맺은 부모와의 인연도 또 다른 기쁨이 되었다. 아이로 인해 만들어지는 일상이 담긴 이야기를 공유하고, 때론 아이의 흉도 보며 마을 행사가 있는 밤이면 밤새 술잔도 기울인다.

아이를 키우고 싶어 춘천에 온 것은 아니었지만, 도시에서 살아온 내가 춘천의 작은 마을에서 농촌유학 농가를 하게 된 과정은 자연스럽다. 우연히 아이를 만났고, 아이를 자세히 보게 되었고, 아이가 좋아졌고, 결국 아이와 같이 사는 삶을 매년 선택하게 된 것이다. 마을 공부방에서 농촌유학을 고민하고 추진하게 된 과정도 자연스럽다.

우리 마을 아이들만 돌보면 초등학교 학생 수는 점점 줄어 폐교를 면할 수 없었다. 5년 전 14명이던 전교생은 현재 52명으로 늘어나, 폐교는커녕 아이들이 살기 좋은 마을로 변했다. 도시 부모들이 아이들을 농촌유학으로 보내게 되는 과정도 자연스럽다. 골목길 놀이문화도 사라졌고, 안전한 놀이터도 없고, 정말 아이의 실력향상을 위한 곳인가 의심되지만 학원밖에 선택할 수 없는 도시의 양육환경을 고민하면서, 그 어떤 이유에서든 일 년쯤 산골마을에서 아이의 유년기를 보냈으면 하는 동기가 생긴다.

아이들 또한 억지로 자신의 삶을 결정하지 않는다. 일주일 정도의 산골캠프에 참여해 놀아보고 결정한다. 아이들이 어울려 사는 것은 자연스럽다. 아이들은 커가며 모험심이 커지게 되고, 일정 정도 독립심이 생기면 스스로 결정하고 그에 따른 행동을 할 때 드는 성취감으로 건강한 자아를 만들어간다.

마을 공동체가 살아 있던 농경사회에서는 한 아이가 '놀이 친구'나 '마을 어른'을 만나가며 '또 다른 나'를 만들어가는 일상이 가능했으나, 현대사회에서는 그렇지 못하다. 같이 사는 선택을 해야 한다. 아이가 없어지는 농촌, 아이를 위한 공간이 없어지는 도시가 서로를 끌어안는 것은 자연스럽다. 남의 아이도 내 아이처럼 보는 애정 어린 눈, 내 아이도 손님처럼 떨어뜨려놓고 볼 수 있는 객관적인 눈을 만들어갈 때 우리 아이들, 내 아이가 진정 건강하게 잘 자랄 수 있지 않을까.

일반정서를 넘어서기

'남의 아이'를 키우고 있는 나 같은 사람은 흔히 주변으로부터 "자기 자식도 힘든데, 남의 자식은 얼마나 힘들겠어." 같은 소리를 듣곤 한다. 때론 이런 말까지 듣는다. "전생에 무슨 죄를 지어서 그래? 예로부터 머리 검은 짐승은 들이지 않는다 했어. 도대체 자기 자식을 자기가 안 키우고 남에게 맡기는 부모들은 뭘 하는 사람들인지."

이런 이야기는 사실 나보다 농촌유학을 결정하는 부모들이 더 많이 들을 것이라 예상한다. 실제로 농촌유학을 보내고 나서도 아이의 할아버지 할머니에게는 그 사실을 숨기는 부모도 만났다. 그 어떤 이유로 출발했든 아이의 농촌유학을 고민하는 부모에게는 맨처음 맞닥뜨리는 첫 관문에서나 현실적인 어려움들을 조정해가며 결정하는 마지막 관문에서 가장 큰 장애물로 등장하는 것은 '아이를 키우는 것은 낳은 사람의 절대적인 몫'이 아닌가 하는 생각이다. 이 생각은 사람들 깊은 내면에서 죄책감의 형태로 스멀스멀 올라오기도 한다.

우리들 어렸을 적 골목길 놀이문화를 맛보여주고 싶은 마음, 사시사철 옷을 갈아입는 자연 속에서 오감을 맘껏 발현하게 해주고 싶은 마음, 작은 학교의 선생님에게 아이의 이름이 하루에 한 번 아니 그 이상 불리어졌으면 하는 마음, 스마트폰과 컴퓨터 게임이 아니고도 세상엔 재밌고 다양한 놀이가 많다는 것을 알게 해주고 싶은 마음, 자기가 할 일을 자신이 주도적으로 계획했으면 하는 이 자연스러운 이 마음들은 '아이를 떨어뜨리는 매정한 부모가 아닐까'라는 죄책감에 묻혀버리기도 한다.

이런 감정들과의 싸움은 생각보다 녹록지 않다. 이런 감정들은 모두 사회적 통념에서 나온다. 그러나 한 아이가 자라는 데는 생물학적인 부모를 넘어선 사회적 부모들이 꼭 필요하다는 것이 인류학의 통찰이다. 한 사람의 삶에서 이룰 수 없던 일도 다른 삶들과 연결될 때 이루어진다. 아이들과 어른들이 만나는 접점이 혈연을 넘어 확장되어야 한다.

농촌유학으로 아이들이 제대로 성장한다고 주장하는 것이 아니다. 농촌이든 도시든, 또 우리나라 아이든 외국 아이든 상관없다. 어떤 공간에서 문제를 마주하고 상황에 따른 자연스러운 선택을 해야 할 때, 어른들이 '내 자식, 남의 자식'이라는 억지스러운 감정의 틀을 조금씩 벗겨낸다면 우리 아이들도 조금 더 가볍게 노닐며 자연스럽게 인생의 진정한 모험을 시작할 수 있지 않을까. 아이들을 함께 돌보는 어른들도 '우리'가 되어가며 말이다.

프로그램보다
중요한 것

성태숙
서울 구로파랑새나눔터지역아동센터에서
오랫동안 지역아이들을 만나고 있다.

함양 마천마을 햇살네로 산촌교류학습을 갔던 둘째가 편지를 보내왔다. 생각지도 못한 편지인 데다, 그것도 세 통이나 되어 깜짝 놀랐다. 그저 잘 지내고 있고 이런저런 일도 해봤고 인사치레처럼 가볍게 보고 싶다는 말로 끝냈던 첫아이의 편지와는 너무도 다른 세 통의 편지다. 편지는 둘째의 마음처럼 작게 접혀서 면마다 너무도 자기다운 글들이 빼곡히 적혀 있었다.

'(엄마께) 엄마, 이 편지는 형 있을 때 큰 소리로 읽어주세요.'
'(형아께) 엄마, 이 편지는 형 있을 때 큰 소리로 읽어주세요.'
'(가족꺼) 알아서 읽으세요.'

글마다 너무도 애절해 지금도 읽을 때마다 웃음이 나온다. 둘째아이가 나와 떨어져 본 일이 아예 없지는 않다. 방학이면 공부방에서는 들살이(캠프)를 다녀오기 마련이다. 이번처럼 2주씩 다녀오는 일은 없지만, 편지 쓴 때가 일주일 됐을 때이니 꼭 시간이 긴 탓만은 아니다. 자기가 메워야 할 틈이 너무 많아 보인 까닭인 것 같다.

잠시 이런저런 아이들의 들살이 기억이 떠오른다. 맨 처음 공부방 아이들이 어느 절을 다녀온 후에는 일제히 의젓하게 앉아서 "마하반야바라밀다…" 하고 반야심경인지를 외워대 나조차 한 소절을 배울 수 있었다. 그다음 선무도를 수련하는 절을 다녀온 뒤에는 차라리 옛날 절로 보내달라고 애원을 해왔다. 대학생들이 애써서 마련한 들살이에서는 아이들도 선생님들도 애쓰고 힘들었던 티가 뚜렷했다. 꼽아보면 적지 않은 기억들이다.

그중 최근의 나들이는 여러모로 생각할 점이 많았다. 한 시민단체에서 2박 3일 과정으로 한부모 가정 아이들을 초대했다. 처음인지라 많은 공을 들이고 많은 고민을 했던 것 같다. 잠시도 우리를 그냥 두지 않았다. 만들기, 저녁상 차리기, 강당에서 열린 장기 자랑, 생태전문가를 모신 생태 탐방에 밤하늘을 바라보며 미래를 꿈꿔보는 시간까지 알차게 마련되어 있었다.

하지만 공부방 아이들은 어둠 속에 이불을 뒤집어쓰고 숨 막힐 듯 있다가 "내 다리 내놔!" 소리에 기겁을 하던 우리끼리의 귀신놀이를 제일로 여기는 눈치였다. 나는 강당에서 아이들이 장기자랑에 열심일 때 혼자 저녁 어스름을 안고 두려운 마음으로 올랐던 산길이 제일이었다. 마지막 날 그 과정을 마련한 분들과 평가 시간이 있었는데 우리를 그냥 좀 쉬게 해주면 좋겠다는 이야기가 나왔다. 이 좋은 곳에 와서 이리저리 안팎으로 끌려 다니며 이것 저것 하느라 좋은 것을 제대로 느껴보지도 못하고 그냥 가게 되었다는 하소연이었다.

요즘 흔히 말하는 '색다르고 좋은 많은 경험'을 한다는 들살이나 체험학습의 허점이다. 일상에서 벗어나 무언가 새로운 것을 배우고 스스로를 한 뼘 키워가자는 뜻에서 마련한 들살이가 사실은 아이들을 잠시도 그냥 내버려두지 않고 조금도 생각해볼 틈을 안 주거나 혹은 짜여진 방식대로만 생각하도록 만들 수도 있겠다는 것을 깨달은 자리였다. 어른들이 애써 마련한 이런 자리를 아이들이 때로 시큰둥하게 받아들이는 것은 아이들이 이미 이런 것을 먼저 느낀 때문이라고 하면 너무 무리일까?

둘째아이의 산촌 교류학습은 이런 경험과 한참 달랐던 것 같다. 함양의 햇살 선생님의 권유가 아니었다면 둘째는 가지 못했을 것이다. 부족한 것투성이인 아이인지라 언제나 옆에 꼭 붙들어서 하나하나 가르쳐야 할 텐데 하고 늘 걱정이 앞섰다. 고집 세고 숫기는 하나 없으면서 늘 이것저것 말이 많아 자주 혼을 냈다. 지긋지긋하게 싸우고 있던 차에, 햇살이 권유도 하고 나도 좀 쉬고 싶은 마음에 아이를 내보내듯이 함양으로 떠나보냈다. 둘째가 없는 틈도 느끼지 못하고 큰애와 후련한 마음으로 며칠을 보내고 있는데 둘째가 편지를 보내온 것이다.

'형 보고 싶어 죽겠다'는 말로 시작된 형에게 부치는 편지는 '형이 오늘 아침 전화 받을 때 "응, 너구나"라고 해서 너무너무 섭섭했어'라는 말로 이어졌다. 그리고 구구절절 이어지는 애절한 말들. '나 형 보고 싶어서 울기도 해. 가끔씩 날 여기로 보낸 엄마가 원망스럽기도 해. 그리고 형이 나 간 날에 "내 세상이다!"라고 했잖아. 그 애긴 꼭 내가 싫은 걸로 들렸어. 형 많이많이 보고 싶다. 형 보고 싶어서 오늘도 울고 어제도 울고 엊그제도 울고 엊그제의 어제도 울었다. 휴~ 난 왜 이 모양이 꼴인지 모르겠어. 아직도 철이 안 든 건가? 앞이 막막해.'

정말 그랬단다. 같이 갔던 공부방 아이가 "정민이 형이 막 무슨 노래 들으면서 엄마 보고 싶다고 자꾸 울고 그랬어요" 하고 전해 주었다. '이 못난 정민이를 위해 한 번만이라도 좋으니 저를 위해 한 번만 기도해 주세요. 말로 표현할 수 없을 만큼 저 엄마 사랑해요. 원망도 하고요.' 불효자 정민이 엄마에게 보내는 애끓는 편지까지 볼라치면 이 애가 여기서 어찌 살았을까 싶다.

그런데 둘째는 말과는 달리 너무 잘 지냈다. 따로 챙겨온 일기장은 혼자 보기 아깝게 재미있다. '오늘 선생님 밭으로 나들이를 갔다. 거기서 올챙이를 30~40마리 잡았다. 건지면 나오는 게 올챙이였다. 그리고 나무를 벴는데 안 말랐다고 자르고 말았다. 자연도 놀이터가 될 수 있겠다.' 하루 일기 중 한 토막이다. 아무리 나들이를 보내고 설명을 해도 한 번도 하지 않던 말이다. 자연 속에서 노는 건 좋아라 하면서도 '이 힘든 산에 꼭 와야 하느냐, 왜

집에 그냥 있으면 안 되는 거냐' 늘 투덜거리던 아이가 절로 자연을 찬양하다니 놀랄 일이었다.

딱 중간이 되던 날엔 시간을 두고 일기를 썼다. '시간은 야속하다. 지나갈 거면 좀 빨리 지나가지 너무 느리게 지나간다. 비록 사방치기를 했을 때부터 지금까지 꽤 많이 지났지만 너무 느리게 흘러간다. 그냥 지금부터 6일 후까지 하루처럼 지나가면 너무 좋겠다. 너무 집에 가고 싶기 때문이다. 6일을 시간으로 나타내면 144시간이다. 흠~ 앞이 막막하다. 아무 생각도 안 나고 가족 생각만 난다. 오늘도 힘들지만 지난번보다 더 힘들다. 할 것도 없으니까 더 힘들다. 틈틈이 엄마 생각이 나기 때문이다. 휴~ 정말 힘들다. 시간은 정말 야박하고 밉다. 나를 이렇게 힘들게 하기 때문이다. 너무 힘들다. 시간이 빨리 지나갔으면 좋겠다. 빨리 집에 가고 싶다.'

다른 일기에는 쑥버무리나 개떡 만드는 법을 만화로 재미있게 그려놓고 뱀사골이나 햇살댁네의 새밭을 두고 재미난 글도 썼다. 말미에는 생일을 앞둔 형을 두고 형에 대한 평과 생일 선물 계획을 적기도 했는데 돌아와 당장 그 일부터 실행에 옮긴 것을 보니 얼마나 간절한 마음으로 썼는지를 알겠다.

집에 온 둘째는 금방 묻는다. "엄마 나 심심해요. 나 뭐 해요?" 아이는 심심하단 말을 협박처럼 내뱉고 언제나 자기를 달래주고 위로해줄 텔레비전이나 컴퓨터를 허락하라고 나를 다그친다. 나는 그런 아이에게 "심심하면 책 봐라, 아님 너 숙제는 다하고 그러는 거냐?"라고 내 하기 쉬운 소리만 하고 싶지는 않다. 하지만 아이들을 햇살네에서처럼 심심하게 만들기가 어렵다. 그런 틈 속에서만이 애틋한 그리움이나 절절한 소망이 싹트는 것을 보았음에도 값싼 위로로 값진 고통을 없애려 애쓴다. 하루하루를 '비어 있음' 가운데서 빚어내게 하지 못하고 바빠 써버리도록 하는 어리석은 부모가 다시 되고 만다.

3장

농촌유학의
교육적 전망

교육의 새로운 상상력, 농촌유학

하태욱
건신대학원대학교 대안교육학과 교수.
대안교육과 혁신교육, 마을교육공동체를 화두로
공교육 및 지역사회와 만나고 있다.

틈새와 상상력

우리가 교육을 이야기할 때 흔히 저지르는 오류들은 이분법적인 사고에 기반을 둔 것들이 많다. 공교육이냐 사교육이냐, 대학을 갈 것이냐 말 것이냐 하는 이분법적 논란들은 사실상 다양한 선택권을 가져본 적 없이 하나의 사다리에 매달려 선발과 탈락만을 경험했던 우리 사회를 그대로 설명해준다. 그러나 세상살이라는 것이 어디 그렇게 두부 자르듯 이쪽 아니면 저쪽으로 나뉘는 것이던가.

공교육과 사교육 사이에는 무수한 스펙트럼의 교육들이 존재하고(혹은 할 수 있고), 배움의 길들은 다양하다. 문제는 우리에게 이런 선택을 할 용기가 없는 측면도 있지만, 더 큰 문제는 이런 다양한 대안과 선택을 만들어내고 선택할 수 있는 상상력이 우리에게 부족하다는 것이다. 개개인의 차원에서든 집단의 차원에서든. 획일적 공교육 시스템을 거부하면서 교육에 새로운 상상력을 발현해보고자 시작되었던 대안교육조차 학교 패러다임에 갇혀 있다는 비판을 받고 있음을 상기해볼 때 우리에게 절실한 것은 바로 '상상력'이다. 근대의 산물인 '학교'를 넘어 어떤 배움의 틀이 가능할 것인가, 가능성을 열고 다양한 모형을 탐색하는 작업이 필요하다.

중등과정에서는 이미 학교태를 뛰어넘는 새로운 그림들이 펼쳐지고 있다. 이에 비해 초등과정에서는 상대적으로 틈새학교의 필요성이나 가능성이 소홀히 다뤄져왔다. 초등 연령대에서는 기초학습의 필요성에 대한 강조가 강하게 작용하기 때문이기도 할 것이다. 따라서 초등과정은 틈새학교라기보다는 방과후, 보습교육, 특기적성, 체험학습, 들살이, 계절학교 등의 형태로 기초학습을 보충·보완하는 형태가 주된 흐름이었다.

하지만 이런 현실 속에서도 초등과정에서의 틈새학교라 할 수 있는 사례들이 전혀 없는 것은 아니었으니, '농촌유학'이 그 대표적인 예다. 우리 사회에서 농촌유학은 아직 시작단계여서 대안교육 현장들이 초창기에 겪었던 어려움과 시행착오를 그대로 겪고 있기도 하다. 하지만 교육적 대안을 마련하고자 하는 동지로서 서로에게 배우고 협력하면, 많은 '틈새'들이 생겨나서 우리 아이들이 더 많은 선택권 속에 자신에게 맞는 다양한 길로 나아갈 수 있으리라 기대와 희망을 걸어본다.

시골로 유학한다는 것

농촌유학을 선택하는 과정은 대안학교를 선택하는 과정과 비슷하다. 산촌유학센터나 농가마다 색깔과 특성이 다르기 때문에 많이 다녀보면서 아이에게 가장 잘 맞을 만한 곳, 아이가 좋아할 만한 곳을 고르는 것이 좋을 것이다. 센터형과 농가형 간의 차이와 장단점도 각각 있다. 두 가지를 조화시키려는 복합형도 있고, 아예 온 가족이 귀농·귀촌하는 가족형도 가능하다.

농촌유학을 결정했으면 기존에 다니던 학교에 가서 담임선생님과 상의하는 것이 좋다. 대부분은 주소지를 옮기고 전학을 하지만, 필요에 따라서는 원 주소와 학적을 유지하면서 '교류학습'이나 '교환학생' 제도를 활용할 수도 있기 때문이다. 학교에서도 이 제도를 잘 모르기 때문에 미리 소속 시도교육청에 문의해서 정확한 정보를 가지고 가는 것이 필요하다. 시도교육청에 따라 다르지만 교류학습은 보통 한 달 이내의 단기간, 교환학생은 3개월에서 6개월 정도를 허락해준다.

일단 유학을 시작하면 최대한 아이의 적응에 초점을 맞추는 것이 필요하다. 부모의 걱정이나 욕심으로 너무 자주 아이를 보러 가거나 집에 데려오거나 하면 아이가 새로운 환경에 적응하기 더

힘들다. 아이 생활에 대한 세심한 모니터링은 필요하지만 아이의
생활에 대해서는 전적으로 농가 부모·센터 교사에게 믿고 맡겨
야 한다. 아이가 둘 사이에서 혼란스럽지 않도록 한쪽에 힘을 실
어줄 필요가 있기 때문이다.

우리가 일반적으로 유학이라 하면 단순히 학습적인 측면만을
고려하는 것은 아니다. 유학은 내 기존의 터전과는 다른 곳에서
살면서 문화적 견문의 확장과 경험의 축적을 함께 꾀하는 것이
다. 농촌유학 역시 농촌의 자연과 생태적 삶이라는, 도시를 터전
으로 살아가는 아이들에게는 낯선 환경을 살아내게 함으로써 삶
을 확장하는 기회를 제공한다. 장기유학의 경우 아이들은 농촌유
학센터 또는 농가로 주민등록을 옮기고 그 마을의 주민이 되어
그 마을의 학교를 다닌다.

요즘 농촌의 학교들은 모두 인구감소로 소규모 초등학교 혹은
그 분교로 운영되고 있기에 아이들은 도시와 달리 교사와 밀접한
관계를 맺으면서 지낼 수 있다. 실제로 단양에서 농촌유학을 하
고 있는 아들 녀석 교과서를 들여다보니 서울 학교에서는 숙제로
떠넘겨져 부모가 씨름해야 했던 부분들에 담임교사의 흔적들이
가득했다. 산골 분교로 발령난 젊은 교사에게 10명 이내의 소규
모 학급은 개별 교육을 하기에 매우 훌륭한 조건일 수밖에 없었
으리라.

학교가 끝나면 아이들은 자기가 생활하는 농가 또는 센터로 돌
아와 여러 가지 활동을 한다. 자연을 벗 삼아 산으로 들로 냇가로

자유롭게 친구들과 뛰어다니는 시간도 있고 농가 부모·센터 교사의 구조화된 교육활동도 있다. 계곡에서 다슬기와 도롱뇽을 잡고 농사를 짓고 나물을 캐고 가축을 기르는 생활을 통해 아이들은 단순한 농촌 체험을 뛰어넘어 생태적 삶을 체득한다. 도시 질병인 아토피나 왕따 등은 덤으로 완화된다.

대부분 친환경 먹거리로 제공되는 식사와 간식은 아이들의 식습관을 개선시켜준다. 실제로 아이는 도시에서 예전에 즐겨 먹던 스팸이나 라면 따위를 짜다면서 피하기 시작했다. 일 년 넘는 기간 동안 시골밥상을 대하면서 입맛이 싱거워져 인공적인 음식이 너무 자극적으로 느껴진 것이다. 건강하게 먹으면서 활동량은 많아지니 비만이거나 약골인 아이들도 저절로 몸이 좋아지지 않을 수 없다.

아이들은 집과 부모를 떠나 생활하면서 그야말로 쑤욱 자란다. 어떤 부모는 그 어린 아이를 어떻게 떨어뜨려 놓을 수 있느냐며 독하다고 말하는 사람도 있지만, 실상 아이들은 엄마 보고 싶어 하는 것도 잠깐이고, 자연과 친구들 속에서 즐겁게 지낸다. 오히려 문제는 아이들에 대한 (걱정을 가장한) 욕심을 놓지 못하는 부모들이다. 아이는 잘 적응하고 있는데 안 되겠다며 아이를 데려가거나, 도시에서 하는 학습지 등 보습교육을 시켜달라고 요구하기도 한다.

하지만 서머힐 창립자 닐이 말한 것처럼 문제아이는 없다. 다만 아이의 욕구를 심리적으로 왜곡시키는 문제부모가 있을 뿐이다. 농촌유학을 보내면서 물리적으로 분리된 부모는 아이를 구속하거나 자기 욕심대로 할 수 없으니 한 달에 한두 번 만나는 부모 자식 간의 관계가 오히려 애틋해지고 따뜻해진다. 대화가 없던 부모 자식 사이에도 그동안 있었던 이야기들로 화제꽃이 피기 마련이다.

농촌유학의 교육적 가치

농촌유학은 도시의 아이들에게 농촌지역의 생활과 문화, 그리고 자연환경을 경험하도록 함으로써 지나치게 지식중심 경쟁적인 도시의 교육 문제와 인구감소로 인한 농촌 문제 및 농촌학교 폐교 문제, 그리고 농촌지역 활성화와 마을교육이라는 문제를 모두 해결할 수 있는 복합 솔루션으로 주목받아왔다. 문재인정부가 농촌정책 100대 과제 중 하나로 농촌유학을 선정한 것은 이런 가능성을 평가한 결과로 보인다.

농촌유학은 인위적인 환경 속에서 살아가는 도시아이들이 자연Nature 속에서 자신의 본성Nature대로 자연Nature스러운 성장을 도모할 수 있는 기회를 제공한다. 아이들은 캠프처럼 일회적인 '체험'이나 단기 '실습'을 하는 것이 아니라 6개월 이상 '시골살이'를 한다. 따라서 농촌유학생들은 최소 두 계절에서 사계절 이상의 절기의 순환과 그에 발맞춘 농촌의 세시풍속, 먹거리 등을 체화할 수 있다. 그러므로 농촌유학은 근대적 학교교육의 한계를 넘어 대안교육적 특징을 가진다.

또한 농촌유학은 그 대안교육적 가치에도 불구하고 지역 학교를 통해 공교육의 지역적 가치를 살려내는 의미가 있다. 농촌지역에서 마을의 학교는 마을공동체의 광장이자 축제의 장이며 새로운 세대가 길러지는 재생산의 공간이다. 따라서 마을의 학교를 살려내는 것은 단순히 도시아이들의 체험공간을 마련한다는 의미로서 농촌마을과 교육을 대상화하는 것이 아니라 도시민과 농촌공동체가 함께 융합되고 호혜 관계를 맺는 새로운 마을교육공동체적 교육플랫폼이다.

영국에서 태어나서 초등학교를 다니다 한국에 돌아와 서울에서 초등학교 생활을 한 우리 아이는 학년이 올라갈수록 행복하지 않다고 했다. 어른들은 성적을 중심으로 아이들을 비교하고 차별했으며, 그 영향을 받은 아이들은 심리적으로 뒤틀어져서 영악하게만 굴었고, 아이는 그 속에서 늘 친구관계로 힘들어했다. 영국에서는 교사에게 '항상 즐겁고, 친구들과 잘 어울린다'고 평가받던 아이가 서울에 와서 '산만하고 뒤처지는 아이'라는 평을 들어야 했다. 아이가 달라졌다기보단 아이를 보는 교사의 기준이 달랐으리라. 더 이상은 안 되겠다고, 머리에서 경보음이 들린다는 아내의 표현이 나올 때쯤, 아이에게 대안적인 길을 찾는 데 더 이상 지체해서는 안 되겠다는 생각이 들었다.

여러 가지 대안들을 놓고 아이와 오랜 탐색 끝에 농촌유학을 선택하게 되었다. 농촌유학 몇 개월 만에 아이는 다시 즐겁고 행복하며, 심지어는 제법 의젓하고 진중하기조차 한 모습으로 돌아왔다. 서울 학교에서 잃었던 자존감을 다시 회복하고, 억지로 해야 하는 일들에 대한 무기력증과 짜증에서 벗어나 스스로가 좋아하는 일들을 찾아내고 열심을 보이는 모습이 무엇보다 기뻤다. 무엇보다 항상 웃음기 띤 밝은 표정을 다시 되찾은 것이 다행스러웠다.

우리 아이가 특별했던 것은 아니다. 아이는 지극히 보통이었지만 서울의 학교는 보통을 허용하지 않는, 끊임없이 경쟁에서 승리하기 위해 주어진 조건에 맞춰야만 하는 환경이었다. 아이가 자기답게 자라날 수 없는 환경이었던 것이다.

내 아이의 변화를 보면서 대안교육을 전공한 교육학자로서 농촌유학의 교육적 가치에 눈길이 가지 않을 수 없었다. 농촌유학은 공교육과 대안교육의 틈새학교로서, 혹은 징검다리로서, 많은 가능성과 의미를 담고 있기 때문이다. 그 내용을 간단하게 정리해본다.

1) 작은 규모

농촌유학은 소규모다. 학교교육의 문제점으로 지적되는 왕따, 학교폭력, 체벌, 돈봉투, 성적 지상주의 등은 모두 인간적인 관계를 나눌 수 없는 기계화·대형화된 학교교육의 폐해다. 아이들마다 성장 속도와 홍미 분야가 다르다는 것을 인정하고 개개인에게 눈높이를 맞출 수 있는 공간을 제공하는 것은 교육적으로 매우 중요하다. 지지와 존중의 인간적 관계가 촘촘한 소집단 속에서 삶은 사회적 가치와 승인을 얻는다.

실제로 작은 학교의 수업의 질, 학생과 교사 간의 긴밀한 접촉, 학생들에 대한 교사의 관심과 책임감 등은 학업성취도에 영향을 미친다. 정서적인 측면에서도 작은 학교는 긍정적인 자아상, 소속감과 유대감, 구성원들 간의 관계, 직접 참여도, 높은 출석률, 낮은 문제행동 등의 차원에서 강점이 있다. 특히나 초등학교 연령대에서는 교육이 전문성보다 가능성을 열어주기 위한 고려와 배려에 집중되어야 한다는 측면에서도 작은 규모의 생활과 학습 공간은 매우 큰 의미가 있다.

2) 생태주의 교육

진정한 생태는 자연과의 밀착된 관계 속에서 나온다. 일 년 사계절의 변화를 땅과 물과 하늘 속에서 느끼며 농사를 통해 자연의 순환과 질서를 깨닫는 과정이 생태교육이다. 이것은 자연스럽게 인간중심주의의 근대적 세계관을 반성하게 하고 인간과 인간, 인간과 자연에 대한 관계망을 다시금 깨닫게 한다. 그 과정이 바로 생태주의 교육의 핵심이 된다. 가장 중요한 것은 이 모든 과정이 교과서를 통해 배우는 지식교육이 아닌 삶의 교육이어야 한다는 것이다. 농촌유학의 강점은 여기에 있다.

3) 노작교육

생태주의적으로 볼 때 인간의 육체와 정신은 분리될 수 없는 것이며, 삶은 그 통합적인 전체성 안에서 의미를 얻는다. 교육에서도 정신의 발달과 육체의 발달은 함께 가야 하는 대상이다. 그런데 근대적 산업생산 체제의 시대가 깊어지면서 현대인들은 육체노동을 정신노동보다 하등한 것으로 취급하거나 심지어는 아예 불필요한 것으로 치부한다.

노작교육은 손발을 놀리는 육체적 활동과 정신이 함께 작용하는 통합성을 지향한다. 따라서 위대한 교육사상가들, 루소, 페스탈로치, 듀이, 슈타이너, 프레네, 닐 등은 한결같은 목소리로 노작학교를 주창한 바 있다. 도시에서의 생활이 끊임없이 손과 머리를 분리하는 형태라면, 농촌유학은 이를 다시 잇고 통합하는 소중한 경험이다. 자연과 물질, 사고와 정신이 통일되는 삶의 교육을 자연스럽게 실천할 수 있는 최적의 공간이 되는 것이다.

4) 자유교육과 공동체(관계-소통)교육

교육의 차원에서 자유는 다른 모든 지식이나 태도와 마찬가지로 여러 가지 시행착오를 통해 얻어져야만 하는 결과물이다. 시행착오라는 교육과정을 허락하지 않으면 자유라는 교육결과도 얻어질 수 없다. 때로는 이기적이거나 무책임하게 보일지라도 믿음과 끈기로 기다려주어야만 자유가 싹을 틔울 수 있다. 그러나 교사는 기다려 줄 시간이 없고 학부모는 기다려 줄 여유가 없다. 자유를 실천해볼 기회가 없이 통제된 생활 속에서 아이들은 오히려 이기주의를 체득한다.

자유를 공동체와 대척되는 지점에서 바라보는 경우가 많지만, 실제로는 자유는 공동체와 맞닿아 있는 동전의 양면 같은 것이다. 핵가족 세대 속에서 왕자와 공주로 자란 도시의 아이들에게는 자신의 자유를 실험하고 공동체와의 공존을 고민할 교육적 기회가 주어지지 않는다. 농촌유학을 통해 작게는 몇 명 많게는 몇 십 명까지 함께 가족처럼 밀착된 관계를 맺으면서 아이들은 관계와 소통에 대해 실험과 고민을 할 기회를 얻는다.

5) 감성예술교육

예술교육은 마음의 나눔이다. 그렇기 때문에 예술교육은 기능교육이 아니라 감성교육일 수밖에 없다. 감성교육은 황홀한 미적 체험을 하는 것에서 시작된다. 자연 속에서 생활하면서 숲과 물, 땅과 하늘의 속삭임을 듣는 것이 곧 감성예술교육 수업이다. 농촌유학은 별을 볼 시간도, 여유도, 환경도 되지 않는 도시아이들에게 새로운 감성의 장을 열어준다. 이러한 미적 체험은 다시 경계를 넘어 유연성과 호기심으로 아이들에게서 돋아난다. 지적 · 정서적 연상의 갈래가 사방으로 뻗어나가면서 생각의 지도가 만들어지는 것이다. 이 생각의 지도는 자연 속에서 길러진 실천력을 통해 새로운 기획들을 만들어낸다. 이것이 예술교육이 단순히 악기를 다루는 기능에 멈추어서는 안 되는 까닭이며 농촌유학이 감성예술교육으로서 가능성이 큰 이유이다.

비형식 교육의 장점

농촌유학은 학교교육과 달리 대단히 비형식적인 교육이어서 그것을 실행해내는 활동가의 역량에 따라 똑같은 환경에서도 매우 큰 차이를 낼 수밖에 없다. 비형식적 교육일수록 더 치밀하고 잘 조직된 교육계획과 이를 융통성 있게 적용할 수 있는 교사의 유연한 전문성이 요구된다. 그렇다고 그 전문성을 교사 개인에게 요구하기도 어려운 형편이다. 더구나 농촌유학을 실행하는 활동가들이 대부분 교육과 관계없거나 사적인 교육경험만을 가지고 입문하는 현실에서 시행착오를 줄이고 교육효과를 높이기 위해서는 적절한 수준의 가이드라인이 필요하다.

전문성의 문제는 교육의 형식과 내용에만 국한되지 않는다. 농촌유학이 확산되고 유학생의 숫자가 많아질수록 사고에 노출될

가능성은 더욱 커진다. 최근 몇 차례의 재난사고로 국가적으로 안전문제에 대한 관심이 높아진 지금 농촌유학 역시 위기상황에 대응할 수 있는 체제가 구축되어 있어야 한다. 이는 아동들을 대상으로 사업을 펼치는 프로그램이면 어디든 공통적으로 확보되어야 하는 것이어서 농촌유학이라고 예외가 될 수 없다. 예상치 못한 사건이나 사고에 부딪혔을 때 당황하지 않고 적절한 대응을 하기 위해서는 운영자 및 활동가들이 평소에 대응매뉴얼을 잘 숙지하고 훈련되어 있어야 한다. 이를 위한 체계 마련과 안내 역시 필요하다.

특히 농촌유학의 경우 민간의 풀뿌리 교육-지역운동 실천으로 만들어져왔기 때문에 자율성과 다양성에 대한 욕구가 매우 큰 반면, 공적자금을 지원하는 관의 입장에서는 공공성을 확보하고 점검해야 하는 책무성이 있다. 따라서 사업의 효과적인 운영관리와 함께 실행지의 농촌유학이 더욱 효율적으로 이루어질 수 있도록 '길라잡이' 형태의 운영 매뉴얼이 필요하다.

현재의 운영 매뉴얼은 2011년에 제작된 『농어촌유학 표준 운영 매뉴얼 개발』로, 산림-농촌 전문가 중심의 연구진들이 농촌유학 도입 초기 다양한 방식으로 시도되고 있던 실행지들을 유형적으로 나누고 그 기본체계를 마련하고자 하는 의도에서 마련된 것이다. 그러나 그 효용성에도 불구하고 아직 한국의 농촌유학이 어떤 방식으로 안착하고 발전할지에 대한 명확한 전망이 생기지 않은 초창기였기 때문에 농촌유학의 특수성과 지속가능성을 염두에 둔 운영체계의 기초가 다져진 것이라 보기 어렵다. 또한 지난 10년간 우리 사회에서 높아진 안전의식과 위험 예방, 그리고 교육적 대안에 대한 요구와 성과들을 새롭게 반영해야 하는 필요성이 동시에 요청된다.

교육적 모험의 안전성 확보

농촌유학은 그 교육적 가치에도 불구하고 지금까지 한 번도 교육부로부터 관심을 받아본 바 없다. 교육부의 농촌학교와 관련된 정책은 대부분 '적정규모 학교 유지 및 통폐합'으로 표현될 수 있는 소규모 학교 폐교정책에 기대고 있기 때문이다. 그러다보니 소규모 학교의 교육적 가능성이나 소규모 학교의 활성화 및 마을 교육공동체적 접근으로서 농촌유학의 가능성은 전혀 검토된 바 없다.

일본의 산촌유학에 대한 관심부터 도입 및 실천까지 모두 교육 운동과 지역운동에 기반한 풀뿌리 실천가들로부터 이루어진 민간의 몫이었다. 이에 '농촌 살리기' 차원에서 농어촌 및 산림 관련 관청들이 지원사업을 펼친 것이 전부였다. 그 결과 농촌유학은 다양한 방식으로 한국적 가능성들을 실험해왔다는 긍정적인 평가와 함께, 유학생들에 대한 돌봄과 교육 면에서 안전성과 지속가능성을 확보하지 못했다는 한계를 동시에 지닌다.

자연 속에서 자연스러운 교육을 한다는 것은 항상 일정 정도의 위험을 전제로 한다. 하지만 동시에 위험에 도전함으로써 교육적 가능성은 배가된다. 제도화는 그 교육적 모험이 안전하게 이루어질 수 있도록 체계를 뒷받침할 수 있다. 물론 현장의 상상력을 제한하는 규제 위주의 제도화가 되지 않도록 현장과 호흡하는 체제를 만들어내야 한다.

다행히도 현 정부는 농촌유학의 가능성을 직시하고 이를 위한 제도적 장치를 마련함으로써 투명성과 공공성, 교육성, 지역성을 확보함으로써 지속가능성을 향상시키고자 한다. 지금까지는 농림 관계부처의 지원에 한정되었으나 교육부처 역시 이에 대한 관심과 지원, 그리고 제도화를 시작할 필요가 있다. 특히 교육자치의 차원에서 지자체 및 농림부처와 협업하여 새로운 마을교육공동체의 플랫폼으로서 농촌유학 발전을 위한 거버넌스 체제 구축에 나서야 할 때다.

삶의 힘을 키우는 생활교육,
어떻게 할까

현병호
격월간 『민들레』 발행인

아이들에게 놀이는 삶이어야 한다. 노는 가운데 삶에 필요한 여러 가지 것들을 체득하게 된다.

농촌에 유학 온 도시아이들은 산기슭 여기저기 굴을 파고 들락거리면서 놀기도 한다. 어떤 값비싼 프로그램보다 아이들에게 더 큰 즐거움과 성취감을 줄 것이다. 도시아이들은 흙놀이마저 학원에서 배우는 실정이지만, 이는 실상 놀이가 아니라 프로그램이다. 어디에 어떻게 굴을 파라고 하거나 어른들이 파놓은 굴에 아이들더러 마음대로 들어가 놀라는 식이라면 그것이 어찌 놀이일 수 있을까. 아이들에게는 굴을 파는 행위 자체가 놀이다. 굴에 들락거리며 노는 것은 덤으로 주어지는 여흥이다.

아이들에게 텅 빈 시간과 친구를 사귈 수 있는 여건을 만들어 주면 나머지는 아이들 스스로 필요한 것을 만들어 낸다. 놀이를 만들어 내고, 놀면서 친구를 사귀고, 자연을 관찰하는 눈이 열리고, 일머리와 관계 맺는 능력이 생겨난다.

창의성이란 이런 자연스러운 놀이 속에서 저절로 자라난다. 산비탈에서 굴을 파고 놀건 미끄럼을 타고 놀건 아이들의 상상력에 맡겨두면 된다. 전통놀이를 가르치려 굳이 애쓸 필요도 없다. 요즘 아이들에게 맞는 놀이는 아이들 스스로가 만들어내기 마련이다. 도시아이들은 그들 나름으로, 시골 아이들은 또 그들 나름으로 끊임없이 놀이를 개발하고 있다. 한번은 큰 식당 한편에 설치된 작은 놀이방에서 예닐곱 살쯤 되어 보이는 아이들이 깔깔거리며 놀고 있는 모습을 유심히 지켜보았다. 플라스틱 공이 가득한 방을 수영장 삼아 수영 시합을 벌이는 놀이였다. 너무 신나게 허우적거리면서 같은 놀이를 하고 또 하는 것을 보면서 아이들의 놀이 본능에 새삼 놀랐다.

아이들은 넘치는 에너지를 주체 못해 실내에서도 그렇게 재미나게 놀 수 있지만, 자연 속에서 노는 것만 못할 것이다. 자연 속에서 놀다 보면 몸도 더 튼튼해질 뿐더러 오감도 발달하기 마련이다. 자연 속에서 자란다고 해서 저절로 생태적 감수성이 자라지는 않지만, 적절한 타이밍에 약간의 일깨움이 있으면 아이들은 금방 깨우친다. 굴을 파고 놀면서도 개미집을 부수지 않도록 주의할 줄 아는 아이라면 4대강을 함부로 파헤치는 어른으로 자라나진 않을 것이다. 농촌유학이 흔한 생태캠프나 환경교육 프로그램과 차별되는 점이 있다면, 일상 속에서 몸에 습득되는 생태교육이 이루어질 수 있다는 점이다.

일상 속에 숨어 있는 교육과정

모든 교육에는 겉으로 드러난 교육과정과 숨겨진 교육과정이 함께 존재한다. 흔히 겉으로 드러난 것보다 숨겨진 것이 우리 삶에 더 큰 영향을 미치듯이 교육도 그렇다. 교육학에서는 이를 형식적 교육과정, 비형식적 교육과정이라고 표현하기도 하지만, 그보다 공식적 교육과정, 비공식적 교육과정, 또는 표면적 교육과정, 잠재적 교육과정으로 표현하는 것이 더 적절하지 않을까 싶다. 모든 교육에는 나름의 형식이 있기 마련이기 때문이다.

지금은 별로 하지 않지만 예전에 운동장 조례 때마다 하던 '앞으로 나란히'는 대표적인 잠재적 교육과정이라 할 수 있다. 자신이 설 자리를 스스로 결정하기보다 정해진 룰에 맞춰야 한다는 것. 아마도 학교에서 가르치는 가장 중요한 가르침 중 하나였을 것이다. 대안학교에도 나름의 비공식적 교육과정이 존재한다. 교사를 별명으로 부른다든가, 전체 모임 때 저마다 자유로운 자세로 편한 자리에 앉는 것. 학교문화라고 표현하는 것이 더 적절한 이 숨겨진(잠재적) 교육과정은 교과목에 들지는 않지만 아이들의 성장에 알게 모르게 큰 영향을 미친다. 새로운 배움터를 만든다는 것은 궁극적으로는 이처럼 새로운 교육문화를 만드는 일이라고 할 수 있다.

농촌유학 현장 또한 하나의 배움터로서 그에 맞는 교육문화가 있기 마련이다. 센터는 센터대로, 농가는 농가대로 나름의 문화를 만들어가고 있겠지만, 그것을 교육적인 관점에서 좀더 의식적으로 살펴볼 필요가 있다. 일상에서 벌어지고 있는 생활문화 또는 생활교육이라고도 할 수 있는 다양한 활동들을 아이들 성장의 관점에서 짚어본다.

인사하기

인사를 주고받는 것은 사회생활의 기본이 되는 활동이다. 인사는 커뮤니케이션의 문을 여는 만능열쇠 같은 것이다. 가족처럼 가까운 사이에서도 집을 들고날 때 '다녀오겠습니다' '다녀왔습니다' 같은 인사만 잘해도 관계가 부드러워진다. 나간다는 말도 없이 나가거나, 돌아왔는데 '어서 오세요'라는 인사 한마디 없이 본체만체하면 관계에 문제가 있는 거다.

대부분의 인간관계가 적절한 인사 하나로 무난하게 풀린다. 그러므로 어렸을 때 인사 잘하는 법을 몸에 익히는 것은 사회화 과정에서 매우 중요하다. 아이들은 사회적 약자이므로 더욱 그렇다. 인사 잘하는 아이가 어디서든 사랑받는 것은 인간사회의 보편적인 양상이다.

아이들이 학교를 오갈 때 '학교 다녀오겠습니다' '학교 다녀왔습니다' 하는 인사를 자연스럽게 할 수 있도록 습관을 들이는 것이 바람직하다. 그러면 마을 어른들을 만났을 때도, 학교 선생님을 만났을 때도 인사를 잘하게 된다. 아이들이 생활 속에서 인사의 가치를 느낄 수 있게 도와줄 필요가 있다.

일본의 사상가 우치다 타츠루는 '잘 잤어요?' '잘 먹겠습니다' '잘 먹었습니다' '다녀오겠습니다' '잘 다녀오세요' '어서 오세요' '잘 자요' 이 일곱 가지 인사를 주고받을 수 있으면 원만한 가정이라고 말한다. 친밀한 사이에서도 인사가 그만큼 중요하다는 말이기도 하다. 인사는 낯선 사람과의 만남에서는 적의 없음을 나타내는 표현이자 친밀한 사람과는 적절한 거리를 유지하게 해주는 역할을 한다. '적절한 거리'는 커뮤니케이션에서 매우 중요하다. 너무 멀어도 너무 가까워도 소통이 힘들다. 적절한 거리를 확인하고 유지하는 데 인사는 중요한 매개가 된다.

함께 밥 먹기

'밥상머리 교육'이라는 말이 있다. 전희식 선생 같은 분은 당신의 아이들에게 딱 세 가지만 당부한다는데, 그중 한 가지가 '반찬 헤집지 말라'는 것이다. 사소한 것 같지만 사회생활의 기본 태도를 몸에 배게 하는 매우 중요한 습관이다. 한국사회에서는 함께 밥을 먹을 때 반찬을 공유하는 경우가 많다. 여러 사람이 먹는 반찬을 뒤적거리거나 헤집어놓으면 다른 사람이 그 반찬을 집기가 꺼림칙해진다. 위생상의 문제도 있고 정서상의 문제도 있다. 밥 먹는 동작은 숨 쉬는 동작처럼 무의식적으로 하게 되는 일이어서 어려서 습관을 잘 들이는 것이 중요하다. 가족끼리, 또는 혼자서 먹을 때의 습관이 여럿이 먹을 때도 그대로 드러나는 법이다. 안에서 새는 쪽박은 밖에서도 새기 마련이다.

음식을 쩝쩝거리면서 먹는 것도 삼가야 하는 일 중에 하나다. 입을 다물고 씹는 습관을 어려서부터 들일 필요가 있다. 자신은 의식하지 못해도 주위 사람들에게는 그 소리가 상당히 거슬린다. 반찬을 헤집거나 음식을 쩝쩝거리면서 먹으면 사회생활을 하는 데 알게 모르게 상당한 피해를 입는다는 사실을 어려서부터 알게 할 필요가 있다.

그런데 공동생활을 할 경우 식판에 각자 반찬을 덜어서 먹다 보면 자신의 습관을 자각하거나 고치기가 쉽지 않다. 그러므로 일부러라도 반찬을 공유하는 식사 자리를 한 번씩 가질 필요가 있다. 한국사회에서 반찬을 공유하는 밥상문화는 한동안 사라지지 않을 것이므로. 설령 밥상문화가 달라진다 해도 다른 사람을 배려하는 태도를 기르는 데 이보다 좋은 훈련은 찾기 힘들 것이다. 우리 밥상문화는 공동체의식을 기르는 데 상당한 기여를 하고 있다고 본다.

많은 부모와 교사들이 편식하는 아이들 때문에 힘들어한다. 하지만 이는 사실 그다지 걱정할 일이 아니다. 잡식성 동물 일부를 제외하고 대부분의 동물들은 편식을 한다. 육식동물은 육식만 하고 채식동물은 채식만 한다. 팬더는 대나무잎만 먹지만 평생 건강하게 살아간다. 웬만큼 편식하는 아이라 해도 다른 동물에 비하면 매우 다양한 음식을 먹는 셈이다. 체질에 따라 몸이 원하는 음식과 원하지 않는 음식이 있기 마련이다. 몸이 차면 버섯이나 오이 같은 채소가 별로 당기지 않는다.

대개 채소를 잘 안 먹는 아이들 때문에 편식이 문제되곤 하는데, 그래도 좋아하는 채소 한두 가지는 있을 수 있고 과일을 먹을 수도 있다. 채소를 싫어하는 아이들의 경우 맛없는 채소를 먹이기 때문일지도 모른다. 유기농으로 기른 당근은 과일 못지 않게 맛있다. 겨울에 노지에서 자란 시금치와 하우스에서 자란 시금치는 맛도 생김새도 아주 다르다. 아무리 '뽀빠이'가 시금치의 효용을 떠벌여도 통조림된 하우스 시금치를 좋아할 아이는 세상에 없을 것이다.

무엇을 먹느냐도 중요하지만, 그보다 더 중요한 것은 어떻게 먹느냐이다. 음식 귀한 줄 모르고 자라는 요즘 아이들은 음식에 대한 고마움을 모르고 함부로 버리거나 남기곤 한다. 많은 학교에서 급식 시간은 난장판에 가깝다. 도시의 학교에서 2교대, 3교대로 밥을 먹이면서 날마다 급식대란을 치르는 교사 입장에서는 그저 별 탈 없이 급식 시간이 지나가기만을 바랄 것이다. 시골의 작은 학교는 그런 면에서도 좋은 교육환경을 갖추고 있다.

날마다 정성 들여 차린 밥상을 마주하다 보면 자신을 존중하는 마음이 저절로 자란다. '엄마가 차려준 밥상'은 정성이 깃든 밥상의 다른 이름이다. 그런 밥상을 감사하는 마음으로 천천히 맛을 음미하며 먹을 수 있는 환경은 삶에서 무엇보다 중요하다. 농촌 유학 온 아이들이 날마다 정성이 담긴 따뜻한 밥상을 마주할 수 있다면 무엇보다 훌륭한 교육환경 속에 있는 셈이다.

음식 만들기

요리는 생활의 기본기술 중 하나이지만, 정작 요리를 할 줄 아는 아이들은 드물다. 특히 남자아이들은 부엌에 얼씬도 못하게 하는 엄마들이 많다. 그렇다 보니 어른이 되어서도 남자들은 대개 요리와 담쌓고 지낸다. 요리를 할 줄 모르는 남자들은 빨래도 청소도 안 하는 경우가 많다. 그렇게 살다 보면 여성들의 노고를 모르게 되고 여성과 소통하기가 힘들어진다. 그런 의미에서 요리와 빨래는 생활의 기술을 넘어 소통의 토대가 되는 활동이다.

요리는 고사하고 장만해둔 음식을 차려서 먹는 일조차 못하는 아이들이 의외로 많다. 때 맞춰 밥상을 차려주는 일 때문에 집을 비우지도 자신의 시간을 갖지도 못하는 엄마들이 적지 않다. 밥을 스스로 찾아서 챙겨먹는 것도 약간의 훈련이 필요하다. 그다음 단계는 직접 요리를 하는 것이다. 밥상을 차려본 아이는 부엌과 친해져서 요리도 그다지 어려운 일로 여기지 않게 된다. 떡볶이처럼 아이가 좋아하는 간단한 음식을 만드는 것부터 같이 하면 요리와 친해지는 일이 어렵지 않다.

요리는 불을 다루는 일이고 칼 같은 예리한 도구를 쓰는 일이어서 주의가 필요하지만, 기본적인 주의사항만 일러주면 어린아이도 스스로 알아서 할 수 있다. 연장을 다루는 일은 손의 잔 근육들을 발달시키고 뇌를 유연하게 만든다.

요리는 기본을 익히고 나면 얼마든지 응용이 가능해서 창의성을 계발하는 데도 도움이 된다. 짜장, 카레, 마파두부는 소스만 다를 뿐 레시피가 비슷하다. 아이들도 어렵지 않게 만들 수 있다. 스파게티 요리도 그렇다. 몇 가지 레시피를 숙지하고 나면 다양한 요리를 할 수 있게 된다.

자기가 먹을 음식을 스스로 만들 줄 아는 것도 중요하지만, 누군가를 위해 요리하는 일은 또 다른 기쁨을 준다. 음식을 만들어 함께 나누는 일만큼 사람들 사이를 가깝게 만드는 것은 없다. 사람들을 기쁘게 하는 즐거움, 요리의 즐거움을 아는 아이는 삶을 더 즐길 줄 알고 풍성하게 살 가능성이 높다.

시골에서는 아이들을 위한 야외부엌을 마련해둬도 좋다. 농가 한켠에 야외부엌이 있으면 여러모로 편리하다. 거기서 아이들끼리 요리를 할 수도 있고, 어른들이 보조주방으로 활용할 수도 있다. 농사철에는 매우 요긴하게 쓰일 수 있다. 신발을 신고 드나들 수 있고, 좀 어질러져도 괜찮고, 물청소도 쉽게 할 수 있는 공간으로 꾸미면 좋다. 식탁도 야외에 두고, 주변을 아름답게 가꾸면 더욱 좋다. 탁 트인 공간에서 음식을 나누는 기쁨을 누려본 아이라면 삶을 더 긍정하게 될 것이다.

밥상 차리기와 설거지

아이들이 요리를 해서 밥상을 차리기는 어려워도 그냥 밥상을 차리는 일은 할 수 있다. 숟가락 젓가락을 놓고, 앉는 자리에 따라 밥과 반찬을 적절히 배열하는 일은 상당한 균형감각과 배려심을 필요로 한다. 식구 중에 왼손잡이가 있으면 팔이 서로 부딪히지 않도록 자리 배치를 해야 하고, 팔이 짧은 아이를 위해서는 반찬 배치를 잘 해야 한다.

차려주는 밥을 먹기만 하는 아이와 제 손으로 밥상이라도 차려본 아이, 직접 요리를 해본 아이, 음식 재료를 손수 길러본 아이는 세상을 보는 눈이 다르다. 다른 사람의 수고를 알게 되고 세상 일이 어떻게 연결되어 있는지를 몸으로 알게 된다. 할 수 있다면 텃밭에서 밥상까지의 전 과정을 몸으로 조금이나마 경험할 수 있으면 좋을 것이다.

설거지는 청소나 빨래처럼 귀찮은 일로 여기기 쉽지만, 마음먹기에 따라 생활명상이 될 수도 있다. 얼른 해치워야 하는 일이 아니라 그 과정에 온전히 몰입해서 그릇을 씻다 보면 마음도 씻기는 느낌을 받는다. 잔반 처리는 생태교육이 될 수도 있다. 동물이 먹을 것과 거름으로 낼 것을 분리하고, 음식이 되도록 버려지지 않게끔 신경 쓰게 된다.

설거지가 기분 좋은 경험이 되려면 시스템을 잘 갖추는 것이 필요하다. 키가 들쭉날쭉한 아이들이 설거지를 할 때 싱크대가

높거나 낮을 수 있으므로 적절한 높이의 싱크대에서 할 수 있도록 배려해야 한다. 배식 방식에 따라 설거지 방식이 다르겠지만, 불편한 시스템에 아이들이 적응하기를 요구해서는 곤란하다. 작업 환경에 따라서 힘든 일도 기분 좋게 할 수 있다.

청소하기

합기도 사범인 우치다 타츠루 선생이 도장 개풍관을 짓게 된 계기 중 하나가 공공시설인 체육관의 도장이 청결하지 않아서였다고 한다. 바닥이 청결하지 않으면 신체가 미묘하게 방어적인 자세를 취하게 된다는 것이다. 더러운 바닥 위를 맨발로 걸을 때면 자신도 모르게 바닥과의 접촉면을 최소화하기 위해 발바닥을 오므리고 걷게 되고, 악취가 나면 콧구멍을 수축시키듯이, 오감의 감도를 떨어트리는 환경에서 무도 수련을 하기란 어렵다는 이야기다. 절간이나 예배당을 정갈하게 하는 것도 우리 몸과 혼의 감도를 더 민감하게 하기 위함이다. 기도를 하거나 중요한 일을 앞두고 목욕재계 하는 것도 같은 원리다.

하지만 청결이 절대적인 가치가 되어서는 곤란하다. 몸을 깨끗이 하고 공간을 청결하게 하는 것은 자신을 위한 것이기도 하지만 주변과 관계를 잘 맺기 위해서이다. 지나친 청결 강박은 스스로도 힘들게 하고 주변 사람들도 힘들게 한다. 지나치게 맑은 물에는 고기가 살지 못하듯이 무엇을 위한 청결함인지를 놓쳐서는 곤란하다. 적절한 청결은 건강한 삶을 가능하게 하지만 청결 강박증은 오히려 건강을 해칠 수도 있다. 위생에 철저한 문명사회는 전염병의 위험이 줄긴 하지만 알레르기를 비롯한 각종 면역성질환이 늘어난다. 면역계가 활성화되려면 적절한 자극이 필요하기 때문이다.

하지만 그 적절함에 대한 기준은 사람마다 또 상황마다 다르다. 매뉴얼로 해결할 수 없는 이런 애매함이 삶의 본질적인 부분이다. '적당히'라는 말이 경우에 따라 정반대 개념으로도 쓰이듯이, 적절함과 적당함은 애매함을 내포하고 있다. 그 애매모호한 기준과 정도를 그때그때 잘 가늠하는 것이 지혜다. 청결함이나 정리정돈 또한 그 기준이 제각각이고 상황에 따라 다른 기준이 적용된다. 그때그때 지혜롭게 대처할 줄 아는 유연성은 생존가능성을 높여준다.

정리정돈의 절대기준은 없다. 정돈은 잘해도 정리를 못하는 사람이 있는가 하면 정리는 나름 잘하지만 보기 좋게 정돈하는 데는 서툰 사람도 있다. 정리가 필요한 상황인지 정돈이 필요한 상황인지 또 그 기준을 무엇으로 할지, 어떤 수준으로 할지 판단해서 적절히 처신할 수 있으려면 상당한 감수성이 요구된다. 미묘한 신호를 '적당히' 대충 알아듣고 행동하면 실수할 가능성이 높다. 그때그때 적절히 처신하는 유연성을 기르는 데 청소가 적지 않은 도움이 될 수 있다.

청소는 심미안을 기르는 데도 상당한 도움이 된다. 공간을 정리정돈하는 일은 심미안을 필요로 한다. 흙마당을 정갈하게 비질한 뒤 비질 자국이 선명한 마당을 보는 즐거움을 아는 아이에게는 저도 모르는 사이에 심미안이 생겨난다. 정갈하게 비질한 마당은 그 자체로 하나의 작품이다. 일본의 카레산스이枯山水 정원은 빗자루 자국이 선명한 마당에서 영감을 얻은 것이다. 쓰레기하나 없는 마당을 다시 쓸면서 조금씩 변화하는 마당의 기운을 느껴본 사람은 청소가 단순히 뭔가를 쓸고 닦고 치우는 일이 아님을 알 것이다.

자신이 몸담은 공간을 청소하는 일은 공간과 맺는 관계의 질을 결정한다. 청소할 때 마지못해 하는 것이 아니라 그 공간의 주인인 듯 애정을 갖고 하면 주인의식이 자신도 모르게 몸에 밴다. 그렇게 몸에 밴 의식은 자신의 삶에서 주체의식으로 자리를 잡는다. 다른 사람 마음에 들기 위해서가 아니라 자신을 위해 그리고 그 공간을 위해 청소를 하는 사람은 보여주기 식 삶을 살게 되지 않을 것이다. 작은 일이 큰 일에서도 반복되는 법이다.

예로부터 도제나 수행자로 입문하면 가장 먼저 하게 하는 일이 청소다. 초짜에게 허드렛일을 시키는 것이라고 보면 본질을 놓친 것이다. 청소는 우리가 몸담은 공간과 친숙해지는 가장 빠른 길이면서 시시각각 변화하는 그 공간의 기운을 보다 쉽게 알아차릴 수 있게 해준다. 한 공간을 날마다 청소하다 보면 미묘한 변화도 알아차릴 수 있게 된다. 물기 있는 마당과 메마른 마당의 차이는 누구나 쉽게 느낄 수 있다. 미묘한 변화에 민감해지는 것이 장인이나 수행자가 갖춰야 할 자질 중 하나다.

빨래하기와 개기

요즘 아이들은 걸레조차 빨아본 적이 없다 보니, 걸레를 비틀어 짜는 법을 몰라 그냥 꾹 쥐어짜곤 한다. 빨래와는 더욱이 거리가 멀다. 어른들도 손빨래를 하는 이들이 별로 없지만, 속옷이나 양말처럼 가벼운 손빨래는 아이들도 얼마든지 할 수 있다. 자라는 아이들의 경우 손의 잔근육을 발달시키는 데도 도움이 된다. 손일을 해본 아이들은 다른 일도 야무지게 할 줄 안다.

자신의 옷가지에서 때를 헹궈내는 일은 목욕 못지않게 기분을 개운하게 한다. 시골에서는 실내 욕실보다는 마당에서 빨래를 해보게 하는 것이 좋다. 하늘 아래 물을 마음껏 튀기면서 빨래하는 즐거움을 맛볼 수 있다. 두세 명이 함께 하면 놀이처럼 할 수도 있다. 큰 대야에 큰 빨래를 담그고 발로 밟는 일은 즐거운 놀이다.

마당에 높이 쳐진 빨랫줄에 빨래를 널어 말리는 것도 기분 좋은 일이다. 자신들 손을 거친 빨래가 바람에 펄럭이는 걸 보는 일은 성취감을 느끼게 할 것이다. 바람과 햇볕에 뽀송뽀송 잘 마른 옷가지는 실내에서 말린 빨래와 다른 냄새와 촉감을 준다. 신체 감각으로 그것을 느끼면 빨래의 즐거움을 알게 될 것이다. 한여름이면 갑작스런 소나기로 마른 빨래가 다시 젖어버리기도 하지만 그런 돌발변수를 만나는 것도 의미 있다. 실내에서 건조기로 말리면 결코 경험할 수 없는 삶의 경험이다.

잘 마른 옷가지를 정갈하게 개어서 옷장에 넣는 일까지 스스로 해보면 빨래의 전 과정을 경험하는 셈이다. 차려주는 밥을 먹기만 하고, 빨아준 옷을 입고 벗어던지기만 한 아이들과 스스로 밥을 차리고 빨래를 해본 아이들은 삶에 임하는 마음가짐이 다를 수밖에 없다. 무엇보다 일머리를 알게 된다. 일머리를 안다는 것은 일의 기승전결이 어떻게 진행되는지를 아는 것이고, 맥락을 파악할 줄 아는 것이다.

일의 맥락을 아는 것은 지식의 맥락을 아는 것과도 통한다. 일머리가 있으면 글머리를 파악하는 힘도 생긴다. 글을 읽는 것은 글자를 읽는 것이 아니라 글의 맥락을 파악하는 것이다. 맥락 속에 진짜 정보가 들어 있고, 그 맥락을 파악하는 힘을 기르는 것이 교육이다. 머릿속에 뭔가를 집어넣는 것이 아니라 이것과 저것이 어떻게 이어지고 관계 맺고 있는지를 파악하는 힘을 길러주어야 한다. 그것이 삶의 교육이다.

이부자리 정리하기

뒷모습이 그 사람의 진짜 모습을 보여주는 경우가 적지 않다. 누군가가 머물다 간 곳을 보면 그 사람을 알 수 있기도 하다. 해외 호텔에서 한국인들이 머물다 간 방은 뒷정리를 하는 일이 만만치 않다고 한다. 대신 청소하게 될 사람을 배려하는 마음에서라도 기본적인 뒷정리를 하는 습관을 들이면 좋을 것이다.

침대생활을 하는 요즘 아이들의 경우 이부자리를 정리하는 경험을 거의 하지 못하고 자란다. 침대에서 몸만 빠져나왔다 들어가기를 반복하는 아이들이 적지 않다. 침대 위에 이불을 편편하게 펴놓는 일은 그다지 어려운 일도 아니고 먼지가 침대시트에 앉지 않게 하는 방법이기도 하다. 그리고 수시로 이불의 먼지를 터는 것은 위생을 위해서도 필요하다. 도시에서는 더욱이 먼지가 많으므로 이부자리를 자주 털어주어야 한다.

바닥에 이부자리를 깔고 자는 전통적인 생활방식은 여러모로 합리적이다. 공간을 다양한 용도로 활용하는 장점도 있고, 자신의 흔적을 치우는 습관도 들일 수 있다. 잠자리에 들고날 때 이부자리를 정돈하는 것은 해치워야 하는 일이 아니라 하루를 마무리하고 시작하는 의례가 될 수 있다. 일상적인 일이지만 그 일을 하는 가운데 하루의 삶을 마무리하고 새롭게 시작하는 마음을 가질 수 있다면 그 하루를 더 잘 살아갈 힘을 얻게 되지 않을까.

생태화장실 쓰기

마당 한켠에 생태화장실을 갖출 수 있으면 퇴비를 만들 수 있을 뿐만 아니라 생태교육에도 도움이 된다. 똥이 밥이 되는 이치를 날마다 자신의 눈으로, 몸으로 확인하면서 자연스럽게 생태적 감수성이 계발될 수 있다. 실내에 수세식 화장실을 두더라도 바깥에 생태화장실을 만들어 되도록이면 그곳을 사용하도록 습관을 들이면 좋다.

생태화장실도 실내 화장실 못지않게 위생적으로 만들 수 있다. 미생물을 활용해 냄새를 없앨 수도 있고, 좌변기를 설치할 수도 있다. 화장실 외관도 아름답게 만들면 좋다. 전통적인 변소처럼 불결한 곳이 아니라 심미적인 공간이 될 수도 있다. 화장실 가는 길이 즐거울 수 있게 주변 조경도 아름답게 가꾸어보자. 창밖으로 바깥 풍경을 바라보면서 용변 보는 즐거움을 맛보고 나면 실내 화장실이 답답하게 느껴질 것이다.

생태화장실에서 나오는 거름을 발효시켜 퇴비로 만드는 과정을 아이들이 체험하게 하는 것도 의미 있다. 잘 발효된 퇴비는 좋은 냄새가 나고 손으로 만져도 될 정도다. 똥오줌이 발효되어 퇴비가 되고, 그 퇴비를 밭에 넣어 키운 채소를 따서 밥상을 차리는 전 과정을 아이들이 경험하면 생태계의 순환과 유기농업에 대해 좀더 실감나게 이해할 수 있을 것이다.

걷기 또는 산책하기

걷기에는 인간을 인간답게 만드는 힘이 있다. 몸이 건강해질 뿐만 아니라 정신도 건강해진다. 대부분의 철학자들은 걷기를 매우 즐긴다. 걷다 보면 저절로 생각이 정리되기도 하고, 새로운 아이디어가 떠오르기도 한다. 목적 없이 걷다 보면 자신을 돌아보는 성찰력이 저도 모르게 길러진다. 걷기를 즐기는 사람치고 막 사는 사람은 없을 것이다. 모험상담으로 유명한 방승호 교장은 힘들어하는 청소년들에게 꼭 산책을 하도록 권한다. 동네를 한 바퀴 돌거나 자기가 다녔던 초등학교를 가보게도 한다. 힘든 시간을 넘긴 아이들은 그 경험을 매우 인상적으로 기억한다.

일본에서 농촌유학의 씨앗을 뿌린 소다테루카이에서는 걷기를 무엇보다 강조한다. 학교나 버스정류장까지 오가는 산길을 날마다 한두 시간씩 걷는다. 걸을 때는 가방을 등에 메고 손에는 아무것도 들지 않는 것을 원칙으로 정하고 있다. 동무들과 함께 산길을 걸으면서 장난을 치기도 하고 벌레나 꽃을 관찰하기도 한다. 아마도 이렇게 날마다 산길을 걸은 것이 아이들의 성장에는 그 무엇보다 도움이 되었을 것이다.

유감스럽게도 우리나라의 도로 사정은 그다지 걷기에 적절치 않다. 국도나 지방도의 경우 인도가 따로 없는 도로가 95퍼센트에 이른다. 더욱이 편도 일차선 도로를 걷는 일은 앞지르기 하는 차들 때문에 매우 위험하다. 지방도의 경우 아이들이 자주 걸어다니는 길에는 과속방지턱을 설치하도록 지자체에 민원을 제기하는 것도 한 방안이다. 국도의 경우는 지자체 관할이 아닌 국토해양부 관할이어서 지방도처럼 간단하지 않다. 조금 멀더라도 안전한 길로 다니도록 지도할 필요도 있다. 저녁 어스름 무렵이나 야간에 도로변을 걸을 때는 야광 가방을 멘다든가 되도록 밝은 색 옷을 입는 등 일상적인 주의가 필요하다.

아름답고 걷기 좋은 길은 누구나 걷고 싶어 하기 마련이다. 아침 저녁으로 걷기 좋은 시간대에 아이들이 걷는 즐거움을 맛볼 기회를 마련해주자. 농촌유학 현장은 되도록 아이들이 걷기 좋은 길을 확보할 수 있는 곳에 자리를 잡는 것이 좋을 것이다. 이는 다른 어떤 조건보다 중요한 조건이라고 할 수 있다.

자연과 가까워지기

냉난방 시설이 잘 된 도시에서 자라는 요즘 아이들은 사계절의 변화를 몸으로 온전히 경험하기가 어렵다. 옛날처럼 방학 때 시골 친척집에 가서 지내는 아이들도 거의 없고, 기껏해야 일주일 정도 캠프에 참가해보는 것이 고작이다. 농촌유학은 적어도 일 년 동안 시골에서 생활하면서 계절의 변화를 온전히 몸으로 느낄 수 있는 기회를 준다는 점에서 특별하다.

도시와 시골에서 느끼는 계절의 변화는 사뭇 다르다. 계절이 바뀌는 것을 온몸으로 느끼다 보면 몸의 감각도 좀더 예민해진다. 자연을 정서적으로 느끼는 것도 중요하지만 신체적으로 실감하는 것도 매우 중요하다. 신체에 각인되지 않은 것은 진짜 자신의 경험이라 말하기 어렵다. 시골의 삶, 자연 속의 삶이 실제로 어떤 것인지 제대로 경험하는 것은 중요하다. 여름날 파리와 모기떼에 시달려보면 시골과 자연에 대해 낭만적으로만 생각하지는 않게 될 것이다.

우리 사회를 지탱하는 한 축인 농촌의 실상을 아이들이 알게 할 필요도 있다. 도시아이들은 농촌유학을 와서 비로소 사회 교과서 속의 관념적인 농촌이 아닌 살아 있는 농촌을 가까이에서 보고 느낄 수 있는 기회를 가진 셈이다. 주변이 곧 살아 있는 자연교과서이자 사회교과서라는 관점을 갖고 아이들을 만나다 보면 아이들은 저절로 자연과 농촌의 문제에 관심을 갖는 사람으로 자라날 것이다.

친구들과 어울려 놀기

아이들에게 가장 좋은 친구는 사실 또래 친구들이다. 자연이 아무리 아름다워도, 어른들이 아무리 좋은 사람이어도 또래 친구만 못한 법이다. 친구들이랑 어울려 노는 기쁨을 어린 시절에 맛보지 못한다면 삶의 가장 귀중한 경험을 놓치는 셈이다. 친구들과 어울려 놀고 다투기도 하면서 사회성이 발달하고 커뮤니케이션 능력이 계발된다.

학교의 첫째 역할도 사실상 친구를 사귈 수 있게 도와주는 것이라고 할 수 있다. 넓은 지역에 흩어져 있는 아이들을 한 곳에 모으는 것만으로도 학교는 제 역할의 절반은 하는 셈이다. 도시학교와 달리 시골의 작은 학교는 또래 친구들의 수가 절대적으로 적다. 게다가 도시에서 전학 온 아이들은 생소한 환경과 시골학교 친구들에 적응하는 데 어려움을 겪을 수 있다. 도시에서 친구를 사귀는 데 어려움을 겪었던 아이라면 더욱 그럴 수 있다. 친구를 만나는 것만으로도 농촌유학은 제 역할을 하는 셈이다.

농촌유학센터에서는 도시아이들끼리만 지내게 되므로 자칫 끼리끼리 어울리기 쉽다. 시골아이들과 자연스럽게 어울릴 수 있는 환경을 의도적으로 조성할 필요가 있다. 농촌유학은 아이들에게 많은 친구들을 사귈 수 있는 기회를 제공하기는 어렵지만, 적은 수의 친구들과 밀도 있는 만남을 줄 수 있다. 친한 친구를 한둘 사귈 수만 있어도 농촌유학 온 의미를 느낄 수 있을 것이다.

동물 돌보기와 함께 놀기

개나 고양이 같은 반려동물과 특별한 관계를 맺는 경험은 어린 시절을 풍요롭게 할 뿐만 아니라 감수성과 커뮤니케이션 능력을 길러준다. 시골에서는 도시에서 만나기 힘든 다양한 동물들을 만날 수 있다. 닭, 오리, 돼지, 염소, 소 같은 가축들도 경우에 따라서는 사람과 상당히 친밀한 관계를 맺기도 한다. 거위는 개 못지않게 사람과 친밀한 관계를 맺는 동물이어서 아이들의 좋은 친구가 될 수 있다. 친구를 잘 사귀지 못하거나 사람과의 소통에 어려움을 겪는 아이들에게 동물친구는 각별한 인연이 될 수 있다. 춘천 별빛마을의 한 아이가 길고양이 '만두'와 친해지면서 변화하는 모습은 감동적이다. ('남의' 아이, '내' 아이 벽 허물기)

새끼 고양이나 병아리처럼 자신보다 약한 동물을 돌보는 경험은 상처 입은 아이의 내면을 어루만져준다. 아기를 돌보는 엄마가 그러하듯 약한 존재를 돌보게 되면 사람은 저도 모르게 강한 존재로 탈바꿈하게 된다. 동물에게 먹이를 챙겨주거나 우리를 청소하면서 동물의 생태를 알고, 더 알고 싶은 호기심이 생겨 관련 책을 찾아 읽거나 조사를 할 수도 있다. (어려서 병아리를 키우면서 처음 책을 읽기 시작했다는 청년도 있다.) 자폐 성향이 있는 아이의 경우 동물과의 소통이 더 원활한 경우도 있다. 그 아이들 중에 자라서 템플 그랜딘처럼 세계적인 동물학자가 되는 친구가 나올지도 모른다.

농촌유학을 오는 아이들의 경우 친구들과의 관계 맺기에 어려움을 겪거나 상처 입은 아이들의 비율이 높은 편이다. 상처 입은 아이들의 치유와 성장에는 사람보다 동물이 더 좋은 영향을 미치는 경우가 적지 않다. 그 아이들은 동물이 있는 농가에서 지낼 수 있게 배려하는 것이 좋을 것이다. 요즘은 공장식 축산을 하는 농가들이 많지만, 농촌유학 현장에서는 되도록이면 옛날 방식으로 아이들이 동물과 가까이 어울릴 수 있는 환경을 만드는 것이 바람직하다.

생명을 돌보는 일에는 책임이 따른다. 대안학교에서는 아이들이 토끼 같은 동물을 키우다가도 방학 때 제대로 돌보지 않아 굶겨 죽이는 일이 종종 일어난다. 아이들이 집으로 돌아가는 주말이나 방학 때 먹이를 챙겨주는 일을 어떻게 할지 미리 약속을 정해둘 필요가 있다.

식물 돌보기 또는 텃밭 가꾸기

의사표현을 적극적으로 하지 못하는 식물을 돌보고 가꾸는 일은 또 다른 감수성을 필요로 한다. 오로지 인간의 손길에 의지해서 자라는 실내 화초는 대부분 물주기를 잊어먹거나 게을리하면 곧바로 시들거나 죽고 만다. 화초를 가꾸다 보면 생명에 대한 책임감을 갖게 되고 작은 변화에도 민감해진다. 빛이 부족한지 물이 부족한지 또는 바람이 부족한지 미세한 신호를 포착할 수 있게 된다.

텃밭을 가꾸는 일은 노동교육보다 심미적인 활동으로 접근하는 것이 바람직하다. 노작교육이 노동을 통해 교육적 효과를 거두고자 하는 것이라면 심미활동은 활동 그 자체가 미적 감수성을 일깨우는 일이다. 텃밭을 꽃밭처럼 일구는 원예농업은 그런 점에서 매우 좋은 방법이다. 유채, 도라지처럼 꽃이 피는 채소들을 마당 한켠에 조화롭게 심어 가꾸면 꽃밭 못지않은 효과를 거둘 수 있다.

이는 도시아이들뿐만 아니라 농촌아이들에게도 좋은 경험이 될 것이다. 농사일이 단순히 1차산업의 생산활동에 그치는 것이 아니라 심미적인 활동이자 삶의 질을 높이는 일이 될 수 있음을 경험하면 시골에서의 삶을 다른 눈으로도 볼 수 있게 된다. 마당에 화초를 심고 텃밭을 아름답게 가꾸는 일은 인간이 밥만 먹고 사는 존재가 아님을 일상 속에서 실감하게 도와줄 것이다.

생활교육이 잔소리가 되지 않으려면

이 모든 비형식적 활동들은 생활 속에서 자연스럽게 이루어져야 한다. 형식적 교육이 되는 순간 교육효과는 거의 사라지기 십상이다. 잔소리가 되고 마는 것이다. 사실 우리가 교육이라 부르는 거의 모든 활동이 '잔소리하기'라고 봐도 틀리지 않다. 학교도 잔소리로 가득하고, 집에서도 잔소리가 끝없이 이어진다. 잔소리를 귀담아 듣는 아이는 없다.

생활교육이 잔소리가 되지 않으려면 상당한 노하우가 필요하다. 반찬을 헤집거나 쩝쩝거리는 아이에게 그러지 말라고 직접 말하기보다, 그런 습관을 가진 어른들이 다른 사람들에게 어떻게 비치는지를 간접적으로 알게 하는 것이 좋을 것이다. 인터넷 토론방에서 사람들이 주고받는 생생한 이야기를 살펴보면서 토론을 할 수도 있다.

활동가들끼리 밥상머리 교육의 노하우를 공유하는 것도 도움이 될 것이다. 자녀교육의 경험이 있는 이들이라면 그 노하우와도 겹칠 것이다. 무엇보다 어른들이 말없이 보여주는 행동이야말로 아이들의 선생이다. 어른들의 뒷모습을 보면서 아이들은 자란다는 말이 있다. 보고 있지 않은 것 같아도 아이들은 다 보고 있다는 사실을 어른들은 명심할 필요가 있다.

'따로국밥' 교사가 아닌
'비빔밥' 교사로 살기

양성호
전북 임실 대리마을농촌유학센터의
산파 역할을 했다. 지금도 대리초등학교에서
아이들을 만나면서 혁신학교 운동과
지속가능한 농촌유학을 위해 활동하고 있다.

제대로 살기를 고민하다

2000년 9월 전주 시내 초등학교로 첫 발령을 받았다. 전교생 2천 명, 한 반에 46명의 아이들과 십 년 동안 생활하면서 그게 맞다고 생각하며 살았다. 그 무렵 나는 방탕하고 오만하기까지 한 교사였다. 교육보다는 술자리에 더 관심이 많았고, 아이들과의 소통보다는 유명 브랜드 옷에 관심이 갔다. 더 멋진 차를 타기 위해 많은 비용과 시간을 들였고, 틈만 나면 자동차 개조에 열을 올렸다. 거의 날마다 이어지는 술자리는 몸을 점점 무겁게 만들었고, 브랜드 옷과 자동차 개조에 드는 돈 때문에 월급날은 카드 대금 막는 날이었다. 그러면서 내 몸에서 이상 신호가 오기 시작했고, 급기야 병원에 3주간 입원하는 큰 수술을 받고, 그 뒤로는 알레르기 비염으로 심한 고통을 겪었다. 그러나 그때까지도 앞으로 어떻게 살아야 할지 방향을 잡지 못하고 있었다.

그러던 어느 날 우연히 격월간『민들레』(48호)에서 이명학 님이 쓴 '따로국밥 교사들에게 고함'이라는 글을 읽었다. 당시 교사 생활 7년차로, 교사로 살아간다는 게 무엇인지 고민조차 없다가 뒤통수를 제대로 맞은 느낌이었다. 그 뒤 교사란 무엇이고, 내 삶의 주체로 어떻게 살아야 할지 고민하는 순간이 잦아졌다. 고민을 하면 할수록 문제는 풀리지 않고 자꾸 쌓여가던 답답한 느낌이 지금도 생생하다. 그런데 돌아보면 그 답답함이 삶의 의식을 바꾼 계기가 되었고, 희망이 되었다. 당시에 나는 답답함을 주변 동료 교사들에게 털어놓곤 했다. 혼자만 그런 줄 알았는데 알고 보니 나처럼 답답해하며 살고 있는 교사들이 여럿 있었다. 그 사람들과의 인연은 지금도 이어져, 임실에서 교육문화연구회 '도담도담'이라는 모임도 꾸리고 농촌유학도 같이 의논하며 든든한 동무이자 이웃으로 삶을 나누고 있다(도담도담은 현재 '사단법인 농촌교육문화연구소'로 옷을 갈아입었다).

농촌교육문화연구소(이하 연구소)를 조금 더 소개하자면, '따로국밥 교사들에게 고함'이라는 글을 읽고 뜻을 함께하게 된 초등·중등교사 다섯 명과 전주교대 재학생 다섯 명이 십 년 전에 시작한 모임에서 시작되었다. 처음에는 모인 사람들 성격에 맞는, 막걸리를 좋아하는 모임으로 시작했지만 그 막걸리가 우리의 중요한 매개체가 되었다. 막걸리를 사이에 두고 나누기 시작한 학교

이야기, 교사 이야기, 아이들 이야기는 정치, 경제, 문화에 대한 고민으로 확대되고, 결국 자기 삶의 고민으로 번져 공동의 삶의 고민으로 이어졌다.

어떻게 하면 농촌 학교를 활성화할 수 있을까? 우리 교사들이 농촌에 가서 살면서 우리 자식들을 그 학교에 보내면 최소한 학생 수가 줄어들지는 않을 거라는 예상과 교사로서 학부모로서 지역주민으로서 살면 좋은 대안 세력이 되지 않을까 하는 재밌는 상상도 해보았다. 그렇게 해서 2009년 내가 먼저 임실군 운암면 월면리에 집을 짓고 2010년 대리초등학교에 전근을 오게 되었다. 그 뒤 한 명 두 명 들어와 지금은 열세 명의 교사들이 임실의 세 군데 마을에 흩어져 살면서 작은 학교에서 열심히 아이들을 만나고 있다. 그중 일곱 명의 교사들은 대리초등학교 옆에 '교육문화마을'을 만들어 함께 살고 있다. 농촌에서 살면서 그 마을아이들을 만나면서 함께 작은 교육공동체를 이뤄보자는 잡담이 현실이 된 것이다.

대리마을에 농촌유학센터가 생겼다

내가 대리마을에 자리 잡게 된 것은 무슨 연고가 있어서가 아니었다. 임실은 치즈로 유명하지만 들여다보면 어려움이 많은 지역이다. 다문화 가정 비율, 고령화 지수, 마을 소멸 지수가 매우 높은 지역이고, 민선 자치단체장이 부정으로 여러 번 임기를 제대로 마치지 못한 곳이다. 지역이 낙후되어 있는 건 두말할 나위가 없다. 전주와 가깝다는 지리적 여건은 방귀깨나 뀌는 사람에게는 아이들 교육을 위해 떠나는 구실이 될 뿐이었다. 하지만 오히려 그런 점이 구미가 당겼다. 교사로서 많은 역할을 할 수도 있을 거고, 큰 돈 들이지 않고도 집을 짓고 살 수 있을 것 같아 임실을 택했다.

대리마을에 자리를 잡고 아이들이 떠나가는 학교, 아이들과 함께 마을이 사라지는 현실을 어떻게 바꿀까 고민하다, 먼저 '학교 살리기'가 할 일이다 싶었다. 대리초등학교는 이미 2009년에 단한 명의 입학생도 없었고, 전교생이 열여섯 명인 폐교 대상 학교였다.

먼저 마을의 자산과 현실적인 마을 상황 등 마을에 대한 조사를 진행했다. 대리는 역사적으로 교육과 깊은 연관이 있었다. 병자호란 이후 이득환 선생이란 분이 서당을 지어 후학을 기르는 데 힘써 많은 인재를 배출한 덕분에 대리는 지금도 인근에서 학덕 높은 마을로 꽤 알려져 있다. 특히 선생은 자손이 없어 재산을 마을에 남겨 두고두고 제자들이 배움의 길을 갈 수 있도록 했다. 제자들은 그 뜻을 이어 '남애'라 이름 붙인 일종의 마을공부방을 만들어 배우고 익히기를 즐겨 했다. 그분의 시제를 지금도 해마다 지내고 있을 정도니, 마을 사람들이 얼마나 그 문화와 역사를 아끼는지 짐작할 수 있었다.

이런 정보를 알고 나니 더욱 관계 맺기가 수월했다. 소통을 잘하려면 무엇보다 그 마을 어른들이 무엇에 자부심을 느끼는지 알고 거기에서 출발해야 한다. '교육과 뗄 수 없는 이 마을의 훌륭한 역사가 있는데 학교를 잃고 교육을 잃으면 되겠나. 우리가 열심히 한번 해보겠다'고 말씀드렸다. 마을 행사에 꼬박꼬박 참여하고 인사를 잘하는 건 기본이었다. 처음에 어려움이 없었던 건 아니지만 다른 귀농자들이 겪는 어려움을 우리는 겪지 않았다. 누구도 왜 왔는지 의심하지 않았고, 어르신들은 눈이라도 마주치면 서둘러 먼저 인사를 하시곤 했다. 교사라는 직업 덕을 엄청 본 셈이다.

그렇게 마을 속으로 들어가면서 농촌교육문화연구소가 처음 시작한 일은 임실 대리마을에 농촌유학센터를 건립하는 일이었다. 그래서 강원도 양양의 산촌유학센터와 공수전분교를 직접 찾아가 사례를 듣고 본격적인 농촌유학 준비를 하기에 이르렀다.

쉬운 일이 아니었다. 마을이 중심이 되어야 해서 마을 어른들을 설득하고 동의를 구하기까지 세 달이 걸렸고, 자치단체와 협의를 하는 데 여덟 달이 걸렸다. 마을에서 땅을 내놓고 군비 2억원을 지원받아 거의 1년이 넘어서야 마침내 '대리마을농촌유학센터'를 세울 수 있었다.

처음 마을임원회의에 찾아가 농촌유학이란 걸 하려면 도시아이들이 묵을 집이 필요하다는 말을 꺼내니 바로 고개를 절레절레 흔들었다. 그분들에겐 너무 먼 이야기였던 셈이다. 농촌유학을 하면 마을에 어떤 도움이 되고, 앞으로 어떻게 할지 그분들이 이해할 수 있게끔 알려드려야 했다. 그 전에 조사했던 마을의 역사가 공감을 이끌어내는 데 요긴하게 쓰였다. 이곳이 얼마나 교육적으로 의미 있는 곳이었는지, 학교가 왜 살아야 하는지를 이득환 선생의 시제와 연결해 말씀드리니 그제야 마음이 동하는 듯했다. 거기에 대리초등학교 교장선생님이 마을회관을 찾아 주민들에게 직접 설명하고 추진위원회에 참여함으로써 마을의 동의를 얻을 수 있었다.

그 뒤 계획서를 만들어 임실군을 찾아갔다. 군은 도시아이들이 시골로 유학 와 학교를 살리고 마을을 살린다는 취지에 적극 공감하고 협조를 약속했다. 이후 대리마을은 대리초등학교와 군청, 교육청과 함께 임실교육특구추진협의회를 구성했고, 임실군에서는 2억 원의 예산을 지원해 큰 힘이 되어주었다. 예산 집행 과정도 만만찮았다. 예산 집행의 방법과 절차를 놓고 마을과 임실군의 이해가 매우 달랐고, 담당자가 수시로 바뀌곤 했다. 또 다른 지역에서 왜 대리에만 특혜를 주느냐는 지적도 나왔고, 임실군 내부에서도 농촌유학에 대한 이해가 부족하다 보니 부서 간 협조도 어려웠다. 그러다 보니 유학센터를 완공하기까지 예상보다 훨씬 많은 시간이 걸려 거의 여덟 달 만에야 완공을 했다. 그걸로 다 끝난 것도 아니었다. 건물이 다 완공되고도 도의회는 학생 안전 대책이 미흡하다고 지적했고, 언론에서는 도시아이들이 오는 건 위장전입이라며 문제를 삼기도 했다.

마을의 중심, 농촌유학센터

이렇게 세워진 '대리마을농촌유학센터'에는 2018년 12월 현재 서울과 인근 도시에서 온 유학생 17명이 즐겁게 생활하고 있고, 대리초등학교는 농촌유학을 시작한 이후 학생 수가 해마다 늘어 현재 유치원생을 포함하여 77명이 되었다. 아이들이 늘면서 학교도 활기차고 즐거운 분위기로 바뀌었고, 전라북도 1기 혁신학교로 지정되어 농촌학교 활성화의 좋은 모델이 되고 있다.

농촌유학을 생각하고 센터를 만들고 도시에서 아이들이 찾아오는데, 센터에서 아이들과 함께 지내며 보살필 적합한 사람을 찾는 일이 참으로 중요했다. 마을에서 수소문을 하기도 하고, 같이 준비하던 멤버들 중에 누가 없을까 심사숙고하기도 했지만 막상 적합한 사람이 없었다. 마침 도시에 살고 있던 여동생이 귀촌할 뜻이 있어 같이 이 일을 해보자고 설득했다. 동생은 오랜 서울 생활을 청산하고 이곳에 내려와 마을주민으로, 학부모로, 유학센터장으로 열심히 살고 있다. 지금까지 10년 동안 농촌유학을 지속할 수 있도록 도와준 귀한 동지다.

아이들은 기본적으로 센터에서 먹고 자며 지낸다. 주말이면 같이 청소도 하고 빨래도 널고 아웅다웅하면서 또 하나의 가족으로 지내는 것이다. 센터장은 그 중심에 있는 존재로, 일상에서 아이들이 배우고 성장할 수 있도록 곁을 지킨다. 도시에서 주의력결핍이니 하는 꼬리표가 붙었던 아이들도 여기 와서는 언제 그랬냐

싶게 잘 지낸다. 아이들이 그렇게 편하게 이곳 생활에 젖어드는 데는 가르치려 들지 않으면서 아이들의 변화를 만들어내는 센터장의 역할이 크다.

도시에서 처음 유학 온 아이들은 '집에 가고 싶다, 엄마 아빠가 보고 싶다'며 울고 날마다 전화를 하더니 이제는 주말이 되어도 집에 가지 않으려고 해서 힘들 지경이 되었다. 도시 부모들은 아이들이 너무 집에 전화도 안 하고 소식이 없으니 오히려 서운해하기도 한다.

유학 온 아이들이 마을에서 맨 먼저 만나는 일은 마을 어른들한테 혼나는 일이다. 채소와 들풀을 구분 못 해 텃밭 채소를 밟아 망쳐놓거나, 길가에 쌓아둔 비료나 퇴비 포대를 터뜨려놓거나, 농사철에 피곤해서 일찍 주무시는 어르신들을 소란을 피워 깨우는 등 혼날 일은 끊이지 않는다. 그렇게 혼나면서도 어른들에게 꼬박꼬박 인사하고 씩씩하게 지내는 아이들 덕분에 마을은 생기가 넘친다.

유학센터는 마을아이들과 도시아이들의 놀이터이자 모임 장소다. 같이 수다 떨며 놀다가 자고 가기도 한다. 지금은 누가 유학 온 아이인지 마을아이인지 거의 구분할 수 없게 지낸다.

유학센터는 기본적으로 센터장 중심으로 돌아가지만 주위의 도움 없이는 힘겨운 일이다. 여기에 큰 힘을 보태는 게 연구소 교사들이다. 교사들은 운영위원으로 회의에 참석하고, 아이들과 함께 운동이나 등산도 하고 공부를 가르치기도 한다. 아이들 진로에도 구체적인 도움을 준다. 유학생들과 연구소 교사들은 멘토 관계를 맺고 아이들을 자주 만난다. 또한 마을과 지자체 사이에서 중간지원조직 역할도 하고 있다. 농촌교육과 문화와 관련한 아이디어를 문서로 정리하고 학교와 지역에서 그 아이디어를 실천하면서 좋은 네트워크를 만들어가는 일은 교사들의 몫이다.

교사들이 딴 맘 먹으니

임실 농촌유학은 아마도 교사들이 중심이 되어 시도한 첫 사례일 것이다. 교사들이 먼저 뜻을 모으니 생각보다 일이 쉽게 풀렸던 듯하다. 사실 교사이자 학부모이면서 지역주민이면 농촌에서는 엄청난 권력이다. 학교종이 땡 치면 집이 있는 도시로 달려가 버리는 교사들에 대해서는 마을주민들은 섭섭할 수밖에 없다. 교사들이 마을에 살면서 학교를 살려보겠다는데 도와주지 않을 마을주민은 없다.

도시에서 교사 생활을 할 때는 느껴보지 못했던 만족감을 느낀다. 사람이 자기 존재를 인정받는 일, 마을에서 누구나 좋아하는 존재라는 사실, 이만큼 살맛 나는 일이 어디 있을까. 존재를 인정해주는 마을 어른들을 위해서라도 더 마을에 보탬이 되고 싶고 뭔가 역할을 하고 싶어진다. 한낱 초등학교 교사가 어디 가서 이런 보람을 맛볼 수 있을까? 농촌 생활이, 농촌학교 교사로서의 생활이 더욱 즐겁게 느껴지는 점이다. 이런 즐거움은 나만 누리는 게 아니다. 함께 이곳으로 온 연구소 교사들도 다들 비슷하다.

연구소 교사들은 공통점이 하나 있다. 우리끼리 하는 말로 '없는 집 큰아들'이 대부분이다. 교사가 되어서 내 생활보다는 먼저 부모님을 챙겨드려야 하는 형편이다. 다른 교사들처럼 좋은 아파트에 좋은 차를 타기 어렵다. 그런 현실적인 조건이 어떻게 작동했는지는 모르지만 다들 교사로서 고민도 많고, 농촌 교육을 위해 노력하는 편이다. 대리마을에는 이런 교사들이 모여 산다. 2009년 당시에 교대 학생이었던 총각 선생님 다섯 명은 이제 결혼을 하고 아이를 낳아 함께 살고 있다. 요새 대리마을은 출산율이 매우 높다.

19세기 학교 현장에서 20세기 교사로 방황하던 나에게 21세기 아이들을 만나게 해준 게 농촌유학이다. 귀촌해서 살고 싶은 교사라면 농촌유학에 관심을 가져볼 만하다. 뜻 맞는 교사들 몇이 힘을 모으면 어렵지 않게 지역의 작은 학교를 좋은 학교로 만들 수 있다. 도시에서 힘들게 살지 말고 농촌에 모여 살면 재미나고 좋은 일이 많이 생긴다. 처음 막연하게 농촌에 가서 살자고 했던 교사들은 지금 마을과 학교를 연결하는 역할을 즐겁게 하고 있고, 도시에서는 느끼지 못하던 신선함도 느끼고, 불필요한 지출을 줄여 의미 있는 일에 참여함으로써 보람도 함께 맛보고 있다. 알고 보면 도시에 적응하지 못하고 있는 교사들이 적지 않다.

이 글을 읽는 교사들에게 '도시에서 사는 삶도 좋지만 농촌에서 사는 것도 큰 보람이 있다. 도시의 분리된 존재감보다는 더불어 사는 농촌 공동체에서 느끼는 존재감이 더 크고 재미있다'고 자신 있게 말하고 싶다.

교사들이 없는 농촌은 학교뿐만 아니라 우리 생명의 기반인 농촌이 사라지는 지름길이라고 생각한다. 의미나 사명감이 아니라 교사 개인의 행복을 위해서라도 농촌으로 와서 살아보라고 권하고 싶다. 그래서 교사들이 마을과 학교를 잇고 도시와 농촌의 아이들을 잇는 농촌유학의 중심축이 되었으면 좋겠다.

농촌유학은 농촌학교를 유지하고 활성화할 수 있는 확실한 대안이라고 자신 있게 말할 수 있다. 하지만 학교와 교사들의 도움 없이는 불가능하다. 이 글을 읽고 농촌유학에 더 많은 교사들이 관심을 가져주길 바란다. 농촌학교에서 '따로국밥 교사'가 아니라 마을과 함께 어우러져 더 맛있는 '비빔밥 교사'로 살아보면 어떨까 한다. 마지막으로, 뵌 적은 없지만 나의 마음과 몸을 지금의 농촌으로 옮길 수 있도록 '따로국밥 교사들에게 고함'을 써주신 이명학 님께 고마운 마음을 전한다.

2부

농촌유학에서 아이들은
무엇을 배울까

1장

자연에서 배운다

_생태와 자연

시골살이는
기다림의 연속

이현숙
시골살이아이들농촌유학센터 활동가

'동물도 뜯어먹는 유기농 시골살이 텃밭' 아이들이 붙인 텃밭 이름이다.

한 해 농사는 밭에 감자를 심으며 시작된다. 겨우내 땅속에 묻어두었던 감자를 꺼내서 싹을 틔워 씨감자를 준비한다. 흙을 거두고 왕겨 속에 묻어둔 하얀 감자, 자주 감자, 속노란 빨간 감자를 꺼내는 아이들은 보물단지에서 보물을 꺼내듯 신이 났다.

풍물 선생님과 감자타령도 한 곡조 지어보고 씨감자를 네 조각으로 자른 뒤 썩지 말라고 재를 묻혀 감자 세 배 정도 깊이로 심는다.

감자 감자 맛있겠다 / 호미 들고 땅을 파서 / 감자 감자 많이 심자

감자 감자 맛난 감자 / 먹자 먹자 우리 같이 / 감자 감자 잘 자라라~

여러 명이 손을 보태니 순식간에 감자 심기는 끝이 나고 아이들은 벌써 먹을 때를 물어본다.

"감자 언제 먹을 수 있어요?"

"7월 즈음!"

"아휴!"

감자 심기가 쉬웠던 것에 비해 먹기까지 너무 오래 걸린다고 생각했나 보다. 싹이 나고 잎이 우거져서 꽃이 필 때까지 기다려야 한다는 것을 아이들은 차츰 알아가리라.

시골살이는 그 자체만으로 속도를 늦추게 하는 힘이 있다. 귀농하기 전 자연의 이치를 잘 몰랐던 나도 상추 씨앗을 뿌리고 열흘 정도만 지나면 상추 잎사귀를 따먹는 줄 알았다. 하지만 농사는 기다림의 연속이었다. 상추만 해도 봄에 모종판에 상추씨를 뿌렸다가 4월 중순이 되면 본밭으로 옮겨 심고, 5월 중순이 지나야 비로소 따먹는다.

간장이나 된장을 먹기까지도 기다림이 필요하다. 콩을 삶아서 메주를 만들어 말리고 띄우고, 간장을 거르고 구수한 된장을 만들어 우리 밥상에 오르기까지는 7~8개월은 족히 기다려야 한다.

농촌유학에 적응하기까지는 아이들뿐만 아니라 나에게도 시간이 필요했다. 농촌유학을 처음 시작하던 해 가장 당황스러웠던 것은 아이들의 물음표 대화 습관이었다. 이야기를 나누는 동안 끊임없이 반복되며 붙여지는 물음에 처음에는 일일이 대답을 해주다가, 나중에 시간이 지나자 그것이 요즘 아이들의 습관화된 언어생활이라는 것을 알게 되었다.

"지금 몇 시예요?" "몰라요" "왜요?" "언제 와요?" "심심해요" "우리 이제 뭐 해요?"

등교 시간에 늦은 아이에게 "빨리 가야지"라고 말하면 "예"라는 대답 대신 "왜요?"라는 물음이 나온다. "얘들아, 마당으로 나와라" 해도 아이들은 "왜요?"라고 되묻는다. 운동장에서 축구를 하기로 하고 집에서 나서면서 공을 챙겨오라고 해도 "몰라요"라는 말이 먼저 튀어나왔다.

아이들이 자주 쓰는 "몰라요" "왜요?"라는 말의 의미를 깨닫기까지는 시간이 필요했다. 그 말들이 정말 잘 알지 못하거나 무엇이 궁금해서 던지는 물음이 아니라 '귀찮거나 하기 싫다'는 의미라는 것을 차츰 알게 되었다.

말이란 상대방과 서로 소통하기 위해 하는 것인데 왜 아이들이 유달리 이런 표현을 많이 쓰는지 궁금했다. 또 잠시도 기다리지 못하고, 늘 무언가를 하고, 또 조급하게 해야만 하는 것으로 알고 있는 도시아이들의 모습에 대해서도 고민하게 되었다.

대부분 도시에 사는 아이들은 학교에서 돌아오면 잠시도 쉬지 않고 대부분 부모의 뜻에 따라 만들어진 프로그램에 의해 움직이거나 스마트폰과 논다. 정작 자신에게 시간이 주어지면 어찌할 바를 모르는 것 같다. 시간이 날 때마다 "뭐하고 놀아요?" 하고 묻거나 스스로 놀지 못하는 새내기 농촌유학생들을 보면서 나는 아이들이 제 스스로 하고 싶은 일을 찾을 수 있는 겨를을 만들어주고 싶다.

아이들은 농촌 생활에 연륜이 붙으면서 기다림의 여유를 즐긴다. 말랑말랑하고 하얀 분이 나는 곶감을 먹기 위해 아이들은 처마 밑에 매달린 감이 언제쯤 말랑말랑해질까, 학교에서 돌아오면 눈인사부터 나눈다. 그렇게 한두 달 지나서 감 색깔이 거무튀튀해지면서 하얀 분이 나기 시작하면 아이들은 "와~ 곶감 됐다!"라며 군침을 삼킨다.

기다림은 모든 생명들의 이치인 듯싶다. 아이들 새끼 손톱만 한 옥수수 알을 심은 뒤 어느 날 훌쩍 옥수수 키가 커 있다. 아이들도 그렇게 자라 있는 것이 대견한 듯 "어느새 내 키만큼 자랐네"라며 기뻐하고 신기해한다.

세상만물은 기다림의 시간 속에 조금씩 자라다가 어느 날 훌쩍 커 성숙한 모습으로 우리 앞에 나타난다. 우리 아이들도 그렇다. 아이들은 바람에게서 흙에게서 햇살에게서 노을에게서 배우고 느끼며 한 계절 한 계절을 보낸다. 기다림 속에서 성장한다.

동물과 함께하며
치유되는 아이들

이진영
밀머리농촌유학센터 활동가

민우(가명, 14세)는 2015년에 〈밀머리농촌유학센터〉가 개소하며 함께 유학생활을 시작한 30명의 유학생들 중 한 명이었다. 2017년 초등학교를 졸업할 때까지 유학생활을 했으니 시작부터 꼬박 3년을 함께한 셈이다.

민우가 입소하기까지 센터 선생님들 사이에서는 의견이 분분했다. 입소 전 예비캠프에서 민우의 모습을 본 몇몇 선생님들은 이제 막 개소하는 센터에서 감당하기에는 벅찬 아이라고 생각했고, 또 다른 몇몇 선생님들은 그럼에도 불구하고, 또 그렇기 때문에 민우를 받아들여야 한다고 생각했다. 여러 차례의 토론과 논의 끝에 우리는 민우를 받아들이고 함께 성장해보기로 결정했다.

나중에 민우의 부모님과 상담하면서 알게 된 사실이지만, 부모님이 맞벌이를 하면서 민우는 어렸을 때부터 어린이집에 맡겨졌다고 한다. 민우는 그 상황을 자신이 버려진 것으로 받아들였고, 그러한 트라우마로 인해서인지 부모님에게도 공격적인 성향을 보여왔다고 한다.

민우는 입소 후 처음 몇 달 동안은 대부분의 활동을 거부한 채 네 발로 기어 다니기도 하면서 다른 아이들의 활동을 훼방놓는 태도를 보였다. 친구들이나 선생님들이 민우와 대화를 해보려고 해도 마음의 문을 걸어 잠근 채 자신만의 세계에 빠져들어 외부 세계는 존재하지 않는 듯 무시하는 태도를 유지했다.

〈밀머리농촌유학센터〉에는 개 열한 마리와 고양이 여덟 마리가 함께 살고 있다. 아이들은 하교 후 센터로 돌아오면 자유시간 동안 축구나 피구, 탁구, 독서, 악기연습 등의 다양한 활동들을 스스로 찾아서 하는데, 민우를 포함한 대인관계에 어려움을 느끼는 몇 명의 아이들은 텃밭에서 그리고 동물들과 함께 대부분의 시간을 보낸다.

민우는 그중에서 개냥이라고 불리는 샴고양이 '으리'를 특히 좋아했다. '으리' 역시 민우를 보면 제일 먼저 뛰어가서 반겼다. 무조건적으로 민우를 따르는 '으리'의 태도는 '부모로부터 버림받았다'는 트라우마를 갖고 있는 아이에게 '자신도 마주 대하고 있는 대상과 긍정적인 관계를 맺을 수 있다'는 희망을 갖게 해준 것으로 보였다. 그리고 자신도 사랑받을 만한 가치가 있다는 자아존중감도 생겨난 듯 보였다.

사실 서양에서 각광받고 있는 다양한 동물매개치료의 의미는 여기에 있다고 할 수 있다. 자연친화 성향이 탁월한 사람들이 동물 기르기에 관심을 갖는 것은 당연한 일이다. 인간관계에서 경험한 상실감 또한 동물 기르기를 통해 치유되기 때문에 전 세계적으로 동물매개치료에 대한 다양한 연구 결과들이 보고되고 있다. 이런 일은 아이들에게만 국한되는 것은 아니다. 자식들이 모두 출가한 후의 부모의 상실감을 치유해 준다든지, 정년퇴임 후 경험하는 우울감을 반려동물들을 통해 극복했다는 사례 등도 대중매체를 통해 쉽게 접할 수 있다.

그렇게 내적 상처가 조금씩 치유되어가면서, 민우는 다른 아이들과의 모둠 활동에 참여하며 수업에도 집중하기 시작했고, 센터

고양이 먹이를
챙겨주는 아이들

선생님들에게도 마음을 열고 다가가는 모습을 보이기 시작했다. 다양한 활동을 경험해본 후 자신이 그림 그리는 일을 좋아한다는 것과 또 그 일을 잘 한다는 것도 스스로 알게 되었다.

그렇게 3년이라는 세월이 지나고 '밀머리의 기적'이라고 불리는 사건이 일어났다. 밀머리농촌유학센터는 매년 연말에 '꿈 끼 성장 나눔 발표회'를 진행하는데, 민우가 졸업한 작년 연말에는 여주시 세종국악당에서 행사를 개최했다. 민우는 센터에서 자신의 마지막이 될 발표회를 위해 친구들과 함께 뮤지컬을 준비하며 주인공인 세종대왕 역할을 맡아 즐겁게 연습했고, 행사 당일 부모님들과 선생님들 그리고 친구들이 지켜보는 가운데 큰 무대 위에서 그 역할을 멋지게 소화했다. 뮤지컬 공연을 보던 많은 학부모님들과 센터 선생님들은 감동의 눈물을 흘렸다. 세종대왕으로 분한 민우의 연기와 더불어 민우의 지난 3년의 역사를 함께 느낄 수 있었기 때문에 그 감동이 더했을 것이다.

해리 할로의 애착 실험을 통해서 어린 시절 애착 형성의 과정이 아이들에게 얼마나 큰 의미를 갖고 있는지 우리는 잘 알고 있다. 그러나 어릴 때부터 어린이집에 다니며 하루 중 많은 시간을 부모와 떨어져 지내야 하는 현실은 비단 민우의 경우만은 아닐 것이다. 미래사회에는 예전에 비해 어린 시절 부모와 애착을 형성하기가 더 어려울 것이다. 농촌유학에서의 동물매개치료나 자연을 통한 치유가 인간소외 현상이 불러올 다양한 문제들에 대한 하나의 대안이 될 수 있을 것이라는 희망을 품어본다.

똥 귀한 줄 아는 아이들

주윤창
지리산마음살림농촌유학센터 대표

아이는 2주마다 한 번씩 가는 집에 다녀와서는, 급한 듯 생태
화장실로 뛰어간다. 마침내 볼일을 보고 나와서는 자랑스러운 듯
이렇게 말한다.

"아휴~ 이제 집 좌변기에 앉아 똥을 누면 뭔가 편하지 않아요.
우리 생태화장실에서 쪼그려 앉아서 똥을 눠야지 속이 이렇게 편
안해요."

또 학교에서 돌아와서는 급히 생태화장실을 다녀와서 이렇게
너스레를 떨기도 한다.

"워메~ 아까운 똥을 밖에다 누지 않고 이렇게 똥 귀한 우리집
에 와서 누게 되어 정말 다행이에요."

뭐든지 아까운 것을 모르던 도시아이가 생태화장실을 한 3년
드나들더니, 거 참! 이제 똥 귀한 줄 아는 사람이 되었다. 똥과 밥

의 순환 구조를 이해하는 아이들은 그 속까지 행복하다.

똥은 한자로 糞(똥 분)인데, 米(쌀 미) 아래에 異(다를 이)가 합쳐진 글자다. 그것이 무슨 말인가 하면, 똥은 결국 쌀이 변한 것이라는 뜻이다. 쌀이 똥이 되고, 똥이 다시 쌀이 되는 그 자연스러운 자연 순환의 원리가 糞이라는 한자에 들어 있다.

그렇다. 우리가 생태화장실을 이용한다는 것은 우리 인체와 똥과 밥과의 관계를 이해하는 사람이 된다는 것이다. 똥 귀한 줄 아는 사람은 자신에 대해, 또 세상에 대해 책임을 질 줄 안다는 뜻이기도 하다. 그것이야말로 생태화장실을 이용하는 중요한 이유가 되겠다.

수세식 화장실에서는 한 번의 똥을 씻어 내리는 데 매번 1.8리터 두 병의 물을 사용한다는데, 과연 한 사람이 일 년에 물을 몇 톤이나 쓰게 될까? 그렇게 오염된 물을 정화하기 위해 또 얼마나 많은 양의 염소와 화학물질을 뿌려야 할까? 염소가 독극물의 일종이라는 것을 과연 사람들은 알고 있을까? 똥은 모으면 자원이요, 버리면 오염원이다.

이곳의 생태화장실 변천사는 3단계로 나뉜다. 처음에는 똥이 마려우면 삽을 들고 밭에 나가 구덩이를 파고 똥을 누고는 흙으로 덮는 원시적 방식을 따랐다. 그럴 때는 온 천지가 다 화장실이어서 너무 자유스럽다가도, 비라도 오면 참 낭패였다.

그래서 생각해낸 것이 비닐하우스 안에다 고랑을 죽죽 파서 거기에 똥을 누고는 재와 왕겨, 나뭇잎 썩은 것을 덮어두었다가 나중에 밭으로 이용하는 방식이었다. 한 고랑이 흙으로 다 덮이면, 그 옆에 또 고랑을 파서 발효 똥구덩이를 만드는 방식으로 비닐하우스 안을 모두 다 발효 화장실로 만들었다가 일정 시간이 지나 똥 고랑의 흙과 미생물이 충분히 숙성되면 그것을 뒤집어서 작물을 키웠다.

그러다가 인분 속의 기생충 알의 위험성이나 발효, 미생물 이용법에 대해 알게 되면서 지금과 같은 생태화장실을 짓게 되었다. 이제 똥을 숙성 발효시켜 미생물이 풍부한 향긋한 퇴비로 만

똥이 숙성된 퇴비로
배추를 기르고

들어 사용한다. 생태화장실은 앉아서 용변을 보면, 앞으로는 오줌이 나가고 뒤쪽에는 똥이 쌓이는데, 거기에 재와 쌀분, 참나무 톱밥과 왕겨를 덮어 발효를 시키는 방식이다.

우리 유학센터를 다녀간 많은 사람들은 이 생태화장실을 앞에 두면 잠시 고민을 한다. 머리가 너무 좋은(?) 도시사람들은 어떻게 사용해야 할지 도무지 몰라서 거꾸로 앉아 누기도 하고 또 물 내리는 버튼이 어디에 있는지 한참 찾는 웃지 못할 일도 있다. 아무튼 우리 유학센터에 오는 사람들은 누구나 생태화장실에 앉아, 몸과 똥이라는 화두에 대해 생각하는 기회를 갖게 된다.

아이들이 생태화장실을 사용하게 하는 방법은 그리 어렵지 않다. 아이들에게 생태화장실과 똥, 퇴비, 물과 토양의 오염 등을 몇 번이고 충분히 이야기해주는 것만으로도 가능하다. 아이들은 순수해서 의외로 잘 배우고 잘 받아들인다.

아이들과 생태화장실에 함께 가서 자세히 설명해준다. 이렇게 앉아서 이렇게 누고 이렇게 닦고…. 도시아이들 중에는 정말 똥 닦는 방법도 모르는 아이들이 있다. 그럴 땐 휴지 네 칸만 접어 휴지를 낭비하지 않으면서도 똥을 깨끗이 닦는 폼을 직접 시연해 보여준다. 몇 번 그렇게 하면 그게 다다. 아이들에게 "네가 이제 자연의 수호자로구나. 네 똥이 이제 채소가 되는데, 너도 한몫을 톡톡히 하네~" 하며 칭찬을 해주는 것도 빠뜨리지 말아야 한다. 그러면 아이들은 모두 다 즐거이 생태화장실로 뛰어간다. 아이들은 정말 순수하다.

토종씨앗 지킴이

강정연
어멍아방농촌유학센터 활동가

　토종씨앗 지킴이의 출발은 2015년 센터 동쪽 마당에 노랗게 피어 있던 유채꽃이었다. 아이들과 센터 주변에 살고 있는 다양한 생물들을 알아보는 시간에 동쪽 마당에 노랗게 핀 꽃을 보고 난 자신 있게 '유채꽃'이라고 아이들에게 말했다.

　그런데 노란꽃뿐만 아니라 하얗기도 하고 보르스름하기도 한 꽃이 피기 시작해서야 그 식물의 정체를 의심하기 시작했다. 배추꽃처럼 보이기도 하고 유채꽃처럼 보이기도 했던 그 꽃이 무꽃이라는 것을 나중에야 알게 되었다. 정확히 설명하자면 이전 해 울타리 건너편 밭에서 자란 무의 씨가 동쪽 마당에 날아와 저절로 자라난 것이었다.

　또 알게 된 사실은 그 씨를 채종해서 다음해에 뿌려도 무가 자라지 않는다는 것이다. '콩 심은 데 콩 나고, 팥 심은 데 팥 난다'는 당연한 진리가 통하지 않는 것이 있다는 사실에 놀라고 충격을 받았다.

　2016년부터 본격적으로 토종씨앗 지킴이 활동을 시작했다. 토종씨앗을 지키는 활동의 첫 번째는 씨앗을 구하는 일이었다. 어머니에게 조금 남아 있던 제주 토종깨와 서리태콩을 가지고 왔다. 여기저기 수소문하다가 횡성군 여성농민회에서 토종씨앗을 지키기 위한 스토리 펀딩을 하고 있다는 사실을 알고, 씨앗을 얻기 위해(?) 펀딩을 하고 쥐이빨옥수수 씨앗을 확보했다.

　2017년에는 그렇게 확보한 쥐이빨옥수수, 서리태콩, 깨를 뿌렸다. 깨를 제외하고는 확보한 씨가 많지 않아 직접 산파하는 것보다는 모종 트레이에서 키워 어느 정도 자라면 밭에 정식하기로 결정했다. 트레이 작업을 하기 전 아이들과 씨에서 자라날 작물을 상상해보고, 이 씨앗들이 우리 손에 오기까지의 과정을 돌아보고, 어떻게 모종을 키우고 수확해서는 무엇을 할지에 대해 이야기를 나누었다.

　한 아이당 트레이(48구, 72구) 하나를 주고, 심어보고 싶은 트레이 구수에 맞춰 씨를 받아가게 했다. 쥐이빨옥수수만 가져가는 아이도 있고, 콩만 가져가거나 반반 섞어 가져가는 아이도 있다. 트레이 작업이 끝나고 정리하고 나니 어떤 트레이에는 나뭇가지가, 어떤 트레이에는 억새꽃이, 어떤 트레이에는 돌이 올려져 있다. 아이들에게 이유를 물어보니 자기가 작업한 트레이라는 표시를 해놓은 것이란다. 자신의 모종을 좀더 잘 키워보려는 아이들의 마음이 눈에 보여 한참 웃었던 기억이 난다.

5월이 되어 정식 파종을 마치고 센터로 돌아가려고 하니 상흠이(2학년), 지후(2학년)가 울상이다. 이유를 물었더니 트레이를 가지고 와서 심을 때까지는 자기가 어디다 심었는지 잘 알고 있었는데 갈 때 보니 자기가 심은 곳을 정확히 모르겠다면서, 자기가 심고 키운 것을 엄마한테 가져다드려야 한다며 눈물을 글썽이기까지 했다.

태풍이 제주에 미치는 영향이 크지 않았던 2017년에는 모든 농작물이 풍년이었다. 쥐이빨옥수수 두 꼭지와 서리태콩 한 되가

토종작물 밭에서
일하고 있는 아이들

수십 배, 수백 배(?)가 되었다며 아이들이 무척 좋아했다. 유전자 조작과 농약 없이도 농작물을 키울 수 있다는 자신감이 생겼다고 소감을 발표하기도 했다. 수확하는 동안 불만 없이 아주 열심히 일하는 모습에 흐뭇하기도 하고 감동도 받았던 해였다. 나중에 안 사실이지만 아이들의 노동의 가치를 인정하고 또 그것을 가르쳐주고 싶었던 한 선생님이 용돈을 주기로 약속을 해서 아이들이 더 열심히 수확했던 것 같기도 하다.

쥐이빨옥수수 두 꼭지와 서리태콩 반 되가 수백 배가 된 것 같다는 남자아이들의 말에 여자아이들은 수십 배는 맞지만 수백 배까지는 아닌 것 같다고 귀여운 말싸움(?)이 붙었다. 의문을 해결하기 위해 서리태콩 한 그루에 몇 개의 콩이 수확되는지 세 개의 콩나무를 표본으로 삼아 콩알 개수를 세어보는 일도 있었다. 콩깍지를 일일이 까서 몇 개가 나오는지를 확인했더니 세 개의 콩나무 모두 100개 이상씩 수확되었고, 그중 하나는 160개가 넘었던 걸로 기억한다.

그해 수확한 쥐이빨옥수수는 주변 이웃과 친구들에게 조금씩 포장하여 나눠주면서 토종씨앗 지키기 활동에 대해 알렸다. 행사가 있을 때마다 씨앗 나눔 활동을 했다. 농촌유학활동가 양성과정 교육을 받으러 갈 때는 유진이(1학년)가 고사리 손으로 포장을 거들며 뿌듯해 하기도 했다.

2017년 토종씨앗 선정은 선택의 여지가 없어 선생님들이 했지만 2018년 씨앗은 아이들과 함께 선정해보기로 했다. 아이들이 좀더 주체적인 지킴이가 될 수 있도록 하기 위한 방안이기도 했다. 유학센터의 한 주체인 아이들에게 자신들의 권리를 행사하고 지켜나갈 수 있는 힘을 키워주기 위해 센터 사무국과 부모님들이 함께 논의하여 결정했다. 고학년 아이들은 자신들이 이런 회의에 어른들과 함께 참여할 수 있다는 사실에 뿌듯해했고, 회의과정에서도 적극적으로 의견을 냈다.

2018년이 되었다. 유학센터 겨울김장은 토종고추로 한다는 목표로 선생님들과 붕어초(토종고추) 농사를 짓기로 했다. 붕어초 씨앗을 주신 전국여성농민회 제주도연합 회장님의 노하우를 전수받고 모종내기 위한 작업을 했다. 생각 외로 싹이 잘 나와서 모종을 트레이로 옮겨 심는 것도 수월했다.

열아홉 명의 아이들(유학생 5명+마을아이 14명)에게 트레이를 하나씩 나눠주고 옮겨 심도록 했다. 각자의 트레이에 모종을 옮겨 심고 이름을 써서는 밭에 정식 파종을 할 때까지 책임지고 키우는 책임제로 하기로 아이들끼리 합의했다.

트레이 작업을 하고 나서 일주일이 지난 어느 날, 바람이 심하게 불고 기온이 뚝 떨어졌다. 모종들이 걱정되어 트레이를 바람이 잘 불지 않는 곳으로 모두 옮겨 놓았지만, 하룻밤 사이에 붕어초들이 얼어버리고 말았다. 얼었다가 풀리면서 붕어초가 시든 것처럼 보이자 아이들은 물을 주면 살아날 거라고 생각했는지 매일매일 물을 주었으나 남아 있는 모종들도 얼마 안 가 모두 시들어

버렸다. 붕어초 모종 관리에 실패하고 말았다.

결국 농협과 여성농민회의 도움을 받아 다시 씨를 받고 싹을 틔워 농사를 지었다. 갈무리하고, 씨를 받고, 싹을 틔우고, 정식 파종하고, 수확하고, 다시 토종씨앗을 나누는 전 과정을 거치면서 왜 토종씨앗을 보존하고 지켜가야 하는지, 앞으로는 어떻게 토종씨앗 지킴이 활동을 해야 하는지 미래의 그림을 그릴 수 있었다. 더불어 우리 아이들이 정서적으로 조금 더 성장했음을 느끼는 해였다. 2019년 토종씨앗은 무엇이 선정될지 기대가 되고, 아이들과 함께할 워크숍이 기다려진다.

오늘은 뭘 먹을까

김정림
만선당농촌유학센터 활동가

아이들을 위한 먹거리교육은 단순히 몸에 좋은 것을 억지로 먹게 하는 것이 아니라 바르게 이해하고 즐겁게 먹을 수 있도록 돕는 것이다. 아이들과 함께 음식을 만들거나 먹는 시간이 곧 먹거리교육 시간이다. 우리 센터의 일상적인 식사 장면을 소개한다.

1

샘   자, 오늘도 맛있고 건강한 음식을 만들어보자.

동하   오늘 메뉴가 뭐예요?

샘   비빔밥에 된장찌개 해먹을까? 커다란 양푼에 나물, 밥, 상추, 매실고추장, 참기름, 달걀을 넣어서 비벼 먹자.

세율   비빔밥에는 무슨 나물이 들어가요?

샘   지난봄에 너희들이 뒷산에서 채취한 고사리, 취나물, 다래순, 쑥부쟁이가 들어가지. 무생채랑 콩나물도 넣어야겠다. 우선 텃밭에 가서 상추랑 고추 좀 따올까?

민형 상추와 고추는 어디에 넣는 거예요?

샘 응, 상추는 비빔밥에 넣고 고추는 된장찌개에 넣을 거야.
그동안 우리 모두 호미로 잡초 뽑으면서 고생했으니까,
오늘 맛있게 먹자.

(잠시 후)

샘 이제 다 되었네. 각자 접시에 먹을 만큼 반찬을 골고루
담아서 가져가자. 먹기 싫은 음식도 조금씩이라도 가져
가서 맛보고.

모두 네, 감사히 먹겠습니다.

상민 샘, 저도 이제 젓가락질 잘하죠?

샘 그래, 열심히 연습한 보람이 있네.

희성 낮에는 라면 먹고 싶은데 메뉴 바꾸면 안 돼요?

샘 희성이가 라면 먹고 싶구나. 저번에 인스턴트 음식이나
냉동음식을 자주 먹으면 건강에 좋지 않다고 배웠잖아.
그래도 다음에 정말 먹고 싶을 때 한 번 먹도록 하자.

2

샘 애들아, 오늘은 일 년 중 낮 시간이 가장 긴 하지란다.

상민 해가 제일 오래 떠 있어요?

샘 맞아, 밤이 가장 길다는 동지와는 정반대인 거지. 봄과
가을에 있는 춘분과 추분은 낮과 밤의 길이가 같은 날인

거 알고 있지? 오늘은 하지에 먹는 감자전을 해서 먹어
보자.

예린   감자전에는 무슨 재료가 들어가요?

샘   어제 너희들이 텃밭에서 캔 감자, 붉은 고추, 식용유와
      소금이 필요하지. 장독대에서 간장과 지난가을에 만들
      어둔 사과식초도 가져와야겠다.

예원   제가 감자 껍질 벗기고 싶어요. 강판에다 가는 것도 제가
      할래요!

샘   그래, 강판에 간 다음에 물에 담가두어야 해. 자, 예린이

음식 준비를
함께 하는 아이들

는 붉은 고추를 송송 썰어서 씨를 털어줄래?

예린   네, 고추는 어떻게 썰어요?

(잠시 후)

샘   다 됐다. 너희들이 직접 키운 감자로 만든 거라서 더 맛
있을 거야! 감사하는 마음을 담아서 식사기도부터 하자.
오늘은 누구지?

민형   여기에 음식이 오기까지 고생하신 모든 분들을 생각하
며 감사히 먹겠습니다.

모두   잘 먹겠습니다!

세율   근데 왜 절기마다 먹는 음식이 따로 있어요?

샘   그 음식들이 그때 가장 맛있고 또 우리 몸에 필요하거
든. 다음 절기는 더위가 시작된다는 소서란다. 비가 자주
내리지. 그때는 비가 오면 생각나는 수제비를 해먹자.

2장

⋮

놀면서 배운다

_놀이와 여행

걸어서 학교에 가는 것도
즐거운 놀이

공원표
산위의마을산촌유학센터 활동가

〈산위의마을산촌유학센터〉는 소백산 자락에 자리 잡고 있다. 해발 5백 미터 정도 되는 곳에 있으니, '산 위의 마을'이라는 이름이 잘 어울리는 곳이다. 보발리 마을 입구에 있는 보발분교(가곡초)는 예전에 학생이 4백 명이나 된 적도 있다지만 지금은 우리 유학센터 아이들 다섯 명이 전교생이다.

유학센터에 있는 아이들에게 가장 힘든 게 무엇인지 물어보면, '아침에 일찍 일어나기' 못지않게 '걸어서 학교 통학하기'라고 대답한다. 도시에서는 아이들이 걷는 일이 많지 않고 대부분 차를 타고 다녀서 걷는 것을 힘들어하는 것 같다.

하루는 아이들과 함께 걸어서 학교에 가보았다. 가는 길에 골짜기가 울릴 정도로 소리 지르고 웃고 떠들고 또 때로는 싸우다가 울기도 한다. 길에서 어른들을 만나면 아주 반갑게 인사를 한다. 가끔 마을 어른들이 간식을 주시기도 한다. 동네 강아지를 만나면 놀다가 간다. 무서운 개들은 대부분 묶여 있어서 걱정할 필요가 없다. 학교까지 거리는 1.5킬로미터밖에 되지 않지만, 이렇게 놀면서 학교를 가다 보니 30분 정도가 걸린다.

수업을 마치고 센터로 돌아오는 길은 아침 등교 때보다 시간이 훨씬 더 걸린다. 오르막이기도 하지만, 동네 빨래터를 그냥 지나치지 않기 때문이다. 요즘은 날씨가 쌀쌀해져서 물에 들어가지 않지만, 지난여름에는 매일같이 개울가 빨래터에서 속옷만 입고는 신나게 놀다가 돌아오곤 했다. 가끔은 다슬기를 잡아서 가져오기도 한다. 또 산딸기, 오디를 따 먹고 밤도 한 주먹 주워 온다.

아이들은 등하굣길 3킬로미터를 날마다 걷고 학교에서 뛰어노는 시간도 많은데, 센터에 돌아와서도 마당에서 뛰어놀고 자전거를 탄다. 그러다 보니 저녁 시간이 되면 졸음을 참을 수가 없다. 아이들이 피곤해서 조는 모습을 보면 애처롭기도 하지만, 참 예쁘고 건강해 보인다. 활동량이 워낙 많다 보니 밥도 잘 먹는다. 이곳에 처음에 왔을 때는 대부분 편식이 심했는데 갈수록 잘 먹는다. 식사량도 많다 보니 몇 달 사이에 키가 크고 체중이 늘어난다. 얼굴도 햇볕에 그을려 검게 타서 누가 봐도 시골 어린이 같다.

유학센터에서는 소 아홉 마리, 흑염소 스물여섯 마리, 산양 여덟 마리 그리고 닭과 병아리를 각각 2백 마리씩 키우고 있다. 아이들이 유학센터에 오면 제일 좋아하는 일이 가축에게 밥을 주는 것이다. 동물을 좋아하는 아이들은 아침에 학교 갈 준비를 하기보다 소들에게 사료와 볏짚을 주는 것을 도와주고 싶어 한다.

제초제를 전혀 쓰지 않아 주변에 풀들이 많은데, 가끔 아이들과 함께 풀을 베거나 뽑아 소, 염소, 산양, 닭들에게 주기도 한다. 가축들이 볏짚이나 건초보다 신선한 풀을 훨씬 더 좋아하는 것을 보며 풀 뽑기가 힘든 것도 잊어버린다. 축사에는 먼지도 많고 냄새가 나서 싫을 것 같은데도, 아이들은 가축들을 만지고 싶어 한다. 아이들은 태어난 지 얼마 되지 않은 염소와 산양 새끼를 아주 좋아한다. 서로 안아보려고 쫓아다니고 도망 다니는 모습이 얼마나 귀여운지 모른다.

얼마 전에 갓 태어난 수송아지를 잘 돌보기 위해 어미소와 분리해서 다른 칸으로 옮긴 일이 있었다. 서로 떨어진 송아지와 어미소가 3일간 밤낮으로 우는 모습을 아이들과 함께 지켜보았다. 아이들이 집을 떠나 부모님과 떨어져 유학센터에 처음 왔을 때와 비슷하다는 생각이 들었다.

닭장의 암탉은 아이들을 잘 공격하지 않지만, 수탉은 아이들을 쪼기도 한다. 그러면 처음에는 무서워서 울기도 하고 닭장에 들어가려고 하지 않다가, 나중에는 막대기를 들고 들어가서 닭들을 괴롭히기도 한다. 아이들은 산란장에서 달걀을 꺼내 오는 것을 무척 좋아한다. 막 낳은 따끈따끈한 달걀을 담다가 깨뜨리기도 하지만, 신선하고 맛있는 달걀을 매일 먹으면서 도시에서 먹던 달걀과는 맛이 다르다고 이구동성 말한다.

올해는 유학센터 아이들과 애호박, 토마토, 수박, 참외 등을 심고 수확을 했다. 목공 수업시간에 짠 나무틀로 텃밭을 만들고, 각자 밭을 정했다. 자기 명패가 붙은 텃밭에 모종을 심고 물을 주며 가꾸어 열매를 수확할 때는 다들 너무 기뻐했다. 애호박은 5개월 정도 계속 수확을 했다. 텃밭이 비닐하우스 안에 있어 매일 물을 주는 것을 힘들어하기도 했지만, 올해 폭염과 가뭄 때문에 수박과 참외는 당도가 아주 높았다. 아이들은 이제껏 먹어본 수박과 참외 중에 가장 맛있다고 자랑스러워했다.

토요일에는 어른들 밭일을 거들기도 한다. 감자, 고구마 등을 함께 수확한다. 아이들은 트럭 적재함에 타는 것을 좋아한다. 사료를 운반하는 운반차에 타는 것도 아주 좋아한다. 함께 물건을 나르고 난 뒤 빈 적재함에 타고 오며 행복해한다.

아이들은 우사에 있는 볏짚 더미에서 아주 신나게 논다. 모래가 깔려 있는 마당에 앉아서 놀 때도 많다. 마당이 비교적 넓고 평평해서 자전거를 타고 원을 그리며 달리기도 한다. 아이들이 놀 때는 가능하면 그 주변에 있으려고 한다. 너무 위험하게 보이거나 너무 심하게 싸우면 개입을 하지만 대개는 그냥 보고 있다.

아이들에게는 흙과 돌과 나무 등 주변에 있는 모든 것이 놀이도구이고, 모든 장소가 놀이터가 된다. 곧 겨울이 오면 창고에 있는 눈썰매를 꺼내놓을 것이다. 이곳에는 경사진 길이 많고 눈이 자주 와서 자연 눈썰매장이 만들어진다. 겨울에 아이들에게는 눈썰매장보다 더 좋은 놀이터는 없는 듯하다.

아날로그 세계로 넘어온 도시아이들

윤요왕
춘천 별빛산골교육센터 대표

'우리 유학센터에서는 아이들이 스마트폰, 컴퓨터, 텔레비전을 사용하지 않습니다.'

농산촌유학 시골생활을 설명할 때 빠지지 않고 등장하는 말이다. 농산촌유학센터들의 생활규칙과 운영철학이 약간씩 다르긴 하지만 이 부분만큼은 거의 비슷한 지침을 가지고 있다. 4차 산업혁명이니 미래교육이니 스마트교육이니 하는 얘기들이 회자되고 있는 요즘, 농산촌유학센터는 시대를 거꾸로 가고 있다.

특히 아이들의 스마트폰 사용에 대해 바깥세상(?)에서는 여러 가지 논쟁이 벌어지고 있지만, 농산촌유학생들에게는 그것을 사용하지 않는 것이 너무도 당연한 일이 되고 있다. 그런데 스마트폰을 사용하지 않는 것이 정말 좋은 일일까? 혹시 유학센터에서 지내는 일 년 동안 아이들이 그만큼 세상에 뒤처지는 것은 아닐까? 생각해볼 지점이다.

어느 일요일 오후, 아이들이 다니고 있는 교회에서 전화가 걸려왔다. "산골 샘, 교회로 빨리 와보셔야 할 것 같아요." "왜요? 아이가 다쳤나요? 싸웠나요?" "오시면 설명드릴게요." 전화를 끊고 주섬주섬 옷을 챙겨 입고 교회로 달려갔다. 유학생들과 마을아이들이 한쪽에 몰려 서 있고 목사님이 훈계하시는 듯한 모습이 보였다. 가끔 교회에서 싸우거나 다치거나 하는 일들이 있어 도착하자마자 먼저 죄송하다는 말부터 나왔다. "한 아이가 모래를 입속에 넣고 있고 다른 아이들은 낄낄대며 구경하고 있더라구요. 어떻게 이런 일이 생기는지 이해를 할 수가 없네요."

일단 아이들을 센터로 데리고 와 자초지종을 들어보았다. 요즘 수만 명의 초등학생 마니아를 거느리며 인기를 누리고 있는 한 유튜버가 있는데, 한 아이가 그를 흉내 낸 것이란다. 이해가 안 되었다. 모래를 입속에 넣는 것을 영상으로 찍어 올리는 행위나 또 그것이 인기를 끌고 아이들이 따라 한다는 것이 도무지 나로서는 납득이 안 되는 일이었다.

아이들에게 전해 듣고 검색도 해보면서 알게 된 내용은 더 충격적이었다. 많은 유튜버들이 말초신경을 자극하는 온갖 엽기적인 행위들을 인터넷에 올리면서 돈을 벌고 있었다. 그리고 그것에 초등학생들이 열광하고 있었다. 호기심 가득한 어린아이들에게 그들은 우상이었다. 절망감이 느껴졌다. 과연 인간이 스마트폰과 미디어를 유용하고 올바른 방향으로만 사용할 수 있을까?

이는 일부 극단적인 예시가 아니다. 엽기적이고 폭력적인 영상, 입에 담기 힘든 욕설, 왜곡된 성 인식 등이 스마트폰을 통해 이미 아이들의 시공간에 들어와 있다는 것을 우리는 익히 알고 있다. 학교와 가정에서 어른들이 아무리 정의, 평화, 공동체, 자연 등을 이야기해도 스마트폰과 유튜버를 이기기는 힘들다.

아이의 시골생활에 관심이 있는 부모와 함께 상담을 오는 아이들이 빠지지 않고 꼭 던지는 질문이 "정말 스마트폰 못 쓰나요?" "텔레비전을 매일 못 본다구요?"다. 이 문제로 유학을 포기하는 경우도 많다. 농산촌유학은 부모와 떨어져서 지내야 하는 만큼 아이 자신의 선택이 중요하다. 때문에 유학을 선택했다는 애기는

스스로 놀이를 만들어
놀고 있는 아이들

곧 아이가 스스로 스마트폰, 컴퓨터, 텔레비전을 포기했다는 뜻이기도 하다.

예전에는 나도 정말 궁금했다. '아이들이 정말 스마트폰을 포기할 수 있을까?' '혹시 매일 조르면 그 줄다리기를 어떻게 하지?' 그러나 십여 년 유학센터를 운영하면서 경험한 바로는, 아이들은 정말 깨끗하게 디지털 기기들을 잊고, 달라고 조르지도 않는다. 아이들은 스마트폰과 텔레비전을 포기하고 일 년 이상의 농촌유학을 기꺼이 선택한다. 결코 특별한 아이들이 아니며, 그들이 딱히 디지털 기기를 싫어하는 것도 아니다. 놀라운 사실이다. 그 이유가 무엇일지 진지하게 들여다볼 필요가 있다.

실상 농산촌유학이 한 일이라곤 아이들에게 넓고 아름다운 자연과 세계를 보여주고 돌려준 것뿐이다. 더 자극적이고 더 빨라야 하는 세상에서 느리게 생각하고 천천히 움직여도 되는 여유를 돌려준 것뿐이다. 단지 그것만으로도 아이들은 작고 어두운 디지털 세상 속에서 나와 반짝반짝 빛나는 눈빛을 되찾는다. 결국 스마트폰과 텔레비전이 싫어서라기보다, 그보다 더 좋은 것들이 있기 때문에 기꺼이 포기할 수 있었던 게 아닐까.

아이들의 삶에서 디지털 기기들이 사라지면서 생겨나는 에너지가 있다. 두런두런 시끌벅적 떠들고 웃고 이야기하는 모습이 살아나고, 사라져가던 옛 놀이들이 되살아나고, 주변의 자연을 둘러보고 계절의 변화를 느끼는 여유가 생겨난다. 이것이 바로 농촌유학의 힘이라고 생각한다.

놀이가
곧 공부다

이현숙
시골살이아이들농촌유학센터 활동가

아이들은 주말이나 공휴일을 기다린다.

"실컷 놀고 싶어서요!"

평소에 그렇게 뛰놀면서도 늘 놀고 또 놀고 싶은 것이 아이들이다. 시골살이 아이들이 이 정도인데, 빡빡한 스케줄에 맞춰 이 학원, 저 학원을 돌며 밤늦게 집에 돌아오는 도시아이들의 마음은 어떨까?

학교에서 또래나 형, 동생들과 다 같이 친구가 되어 어울려 논다. 그것도 부족해 돌아오자마자 또 논다. 후다닥 간식 챙겨 먹고 밖으로 뛰어나간다. 준비도 필요 없이 바로 '액션'이다.

계절에 따라, 그날그날의 날씨에 따라, 아이들 마음에 따라, 주변에 무엇이 있느냐에 따라 놀 거리는 무궁무진하다. 나도 어린 시절을 지내봤건만 '어쩌면 저렇게 잘 놀까! 정말 잘 논다' 마음

속으로 감탄사 연발이다.

마당 한 구석에 있는 모래더미에 앉아도 놀 거리는 끝이 없다. 조금 지나면 둑이 만들어지고, 한 아이가 조리에 물을 떠다가 붓고, 다른 아이는 물길을 만들고 큰 구덩이를 파기도 한다. "바다 만들어요."

강에서 흘러내린 물이 바다로 모이는 놀이를 하고 있는 것이다. 질퍽거리는 마당을 다지기 위해 구해온 흙더미 위에서도 아이들은 신나게 논다. 계단을 만들고 다리를 놓고 뛰기도 하면서 아이들은 스스로 놀이를 만들어낸다. 앞마당을 정리하기 위해 뒷마당에 있는 기왓장을 옮기던 아이들, 깨진 기왓장에 그림을 그리며 논다.

손수레는 시골살이 놀이기구다. '손수레 롤러코스터'를 타고 정자 코스, 나들이 코스, 병암정 스페셜 코스를 돈다. 아이들은 운전수를 자청하고 나선다. 자연과 만나면 톡톡 튀는 생각들이 마구 샘솟나 보다.

아이들은 꽃과도 논다. 꽃을 배달해 주는 택배회사 놀이를 하더니 각종 꽃잎과 나뭇잎으로 은행 놀이를 시작한다. 흔하지 않은 꽃이나 큰 잎(예를 들어, 네잎클로버나 다섯잎클로버, 머위 잎, 큰 민들레홀씨 등…)은 높은 가격으로 거래가 이루어진다. 옆에서 지켜보는 나도 정말 재미있다. 달맞이꽃을 따고 까마중 열매를 따서 꽃초밥을 만들기도 한다. 아이들은 특별식을 나에게 권하기도 한다.

"꽃초밥 드세요."

모래강 내성천에서 하는 신나는 모래놀이, 물놀이를 빼놓을 수 없다. 모래 위를 거닐고, 뛰고, 모래성 쌓고, 닭싸움에 씨름까지 지칠 줄 모르고 논다. 아이들은 고운 모래밭이 마치 안방처럼 편안한가 보다. 힘들 만도 한데 바로 강으로 뛰어 들어가 물놀이를 하고 그물로 고기를 몰아서 잡아오기도 한다.

웃옷 아래옷 주머니마다 모래가 가득하다. 열심히 놀았다는 뜻이다. 잘 논 아이들 얼굴에는 느긋함이 묻어난다. 탈탈 털어 물에 빨고 세탁기에 넣기 전에 또 살살이 털어내야 하지만 그 수고로움은 감수할 수밖에 없다.

모래놀이 삼매경에
빠져 있는 아이들

장맛비 내리고 계곡에서 하는 물놀이도 최고다. 물살에 떠내려가는 신발 구해오기, 물살 반대편으로 헤엄치기, 흐르는 물에 몸 맡기기, 다슬기 잡기 등 신나는 물놀이로 아이들은 한여름의 뜨거운 햇살 아래 한껏 즐겁기만 하다.

겉으로는 하나도 재미없어 보이지만 실제로는 진짜 재미있다는 종이비행기 날리기, 솔숲에서 하는 신나는 다방구, 꼬마야꼬마야 새끼줄넘기 놀이, 전래놀이로 마당이 한바탕 까르르 까르르 한다.

아이들 스스로가 찾아내서 하는 놀이뿐만 아니라 시골에서는 모든 것이 다 놀이이자 배울 거리다. 나물 캐기, 모깃불 피우기, 쥐불놀이, 밤 줍기, 연 날리기, 눈썰매 타기 등 계절별로 하는 모든 활동들이 그대로 놀이다.

별을 보며 별자리를 공부하고 반딧불이를 보며 밤에 활동하는 곤충을, 철마다 피는 들꽃을, 논에 사는 생물들을 살펴본다. 개울에서 놀다가 무엇이 사는지 관심 있게 보게 되고 돌을 갖고 놀다가 서로 조금씩 다른 돌을 알게 되고, 흙 속에 사는 생명에 대해 알아내기도 한다. 그림을 좋아하는 아이는 무언가를 그려보기도 한다.

'놀이'가 '공부'인 셈이다. 이런 아이들에게 가장 관심 있는 것 하나를 정해 관찰하도록 권한다. 강아지도 좋고, 개미도 좋고, 계절별로 피는 꽃도 좋고, 굴러다니는 돌멩이라도 좋다. 직접 보고 듣고 만져보고 느낀 것을 기록하고 관찰하니 얼마나 생동감 있는 보고서가 되겠는가. 깊이 알게 되면 사랑할 수 있으니 진정한 공부를 하게 된다.

실컷 노는 동안 아이들은 대단히 적극적이고 활동적으로 변한다. 도와주겠다고 하면 "아뇨, 제가 할 거예요. 해보고 싶어요"라는 말이 슬슬 나오기 시작한다. 기다린 순간이다. 아이들에게 가장 듣고 싶은 말이고, 자주 듣고 싶은 말이고, 들어서 기쁜 말이다. 자발적으로 하고자 하는 데서 배움이 시작된다.

한가위를 앞두고 아이들과 함께 송편 빚을 준비를 한다. 먹는 즐거움보다 옹기종기 둘러앉아 송편 빚는 즐거움이 더 크다.

아이들과 함께
송편 빚기

현미 쌀가루에 단호박, 흑미, 쑥으로 색깔을 내서 반죽을 준비하고 콩가루, 깨소금, 콩 등으로 소를 넣어 갖가지 모양으로 만든 시골살이표 송편. 아이들 손으로 오물딱조물딱 만든 갖가지 모양과 색깔의 송편을 솔잎 위에 얹어 가마솥에 쪄낸다. 손으로 빚고 입으로도 빚어 더 쫀득쫀득한 송편을 참기름 묻혀 맛보면 마음은 벌써 한가위다. 아이들은 깔깔대며 송편 찌고 남은 아궁이 밑불에 고소한 밤을 굽는다. 송편 빚기는 끝났지만 아이들은 마당에서 콩도 구워보고 은행도 구우며 북적북적 한바탕 또 논다.

긴 한가위 연휴를 앞두고 아이들은 마음이 들뜬다. 집에 가서 가족들과 함께 보낼 수 있기 때문이다. 아이들은 시골살이 집에 오면 도시 집이 그립고 도시 집에 가면 시골살이 집이 그립다. 부모님께 추석 선물을 뭘 해드릴까 하는 생각으로 가을 산에 오르며 익어가는 산초열매를 딴다.

병암정 앞산에 올라간다. 산으로 가는 길에 고개를 숙인 벼이삭, 한가로이 노니는 잠자리, 새털구름이 펼쳐져 있는 하늘, 밤나무 아래 빛나는 갈색 밤송이가 가을이 왔음을 알린다.

"야호~ 가을이다~."

무덥고 비가 잦았던 여름이기에 아이들도 가을을 기다렸나 보다. 가방 하나 둘러메고 아무런 조건 없이 자연이 건네준 선물을 줍는 아이들의 마음은 풍요롭다. 가을을 흠뻑 느낄 마음 하나면 족하다.

먼저 산초나무를 찾아야 한다. 잎에서 강한 향이 나는 산초나무 열매는 한가위 때가 되면 따기에 딱 좋다. 장아찌와 차를 만들기 위해서는 덜 여문 파란색 열매를 따야 한다.

산초열매를 따다 보니 옆에 있는 올밤나무에서는 꽤 큰 밤송이들이 보이고 또 옆을 보니 작은 산밤들이 여기저기 떨어져 주변이 온통 밤 세상이다. 아이들은 신났다.

"와~ 여기 밤 많아!"

"여기도 엄청 많아!"

정신없이 주워 담다 보니 가방이 두둑하다. 밤을 줍다가 모두 산초열매 따는 걸 새까맣게 잊는다. 밤 줍는 즐거움에 빠져버린 거다. 밤나무 아래서 토실토실한 밤을 줍거나 밤송이가 벌어진 사이로 얼핏 보이는 밤을 까서 자루에 담는 즐거움을 무엇과 바꿀까?

내려오는 길에 만난 도토리, 외꽃바라기 버섯도 눈에 띈다. 갖가지 모양과 색깔의 버섯들을 만나며 버섯들도 이렇게 종류가 많다는 것을 알게 된다. 자연산 송이버섯을 먹어본 아이들은 "어디 송이버섯 없을까요?" "한번 찾아봐요!"라고 말한다. 자연 채집의 즐거움을 맛본 아이들은 이제 송이버섯까지 딸 기세다.

가을 산을 내려오는 아이들 마음은 보름달처럼 둥그렇고 넉넉하다.

계곡에서 배우는
실전 수영

주윤창
지리산마음살림농촌유학센터 대표

아이들은 물에서 놀고 나면 생기를 되찾는다. 모든 것을 잊고 그 얼마나 신나게 놀았는지, 저녁 식탁에서 밥숟갈을 들고 꾸벅거리는 아이도 있다. 저절로 졸음이 찾아오는 것이다. 아이들은 사실 모두 이렇게 자연스레 자라야 한다.

지리산 문수골 계곡 수영이 주는 재미와 함께 한여름이 지나면, 아이들은 발가벗고 까르르 놀았던 그만큼 여름 하늘의 뭉게구름처럼 훌쩍 자란다. 이곳 아이들은 모두 수영을 잘한다. 우리들의 수영장인 지리산 문수골 계곡에 가기만 하면 모두들 파닥이는 물고기처럼 생기 있게 계곡을 첨벙첨벙 떠다닌다.

처음에는 아이들을 구례 공공수영장에 데리고 가서 거기서 놀면서 수영법을 제법 익히게 한다. 우리 센터에 오는 아이들은 누구나 봄철부터 토요일에는 공공수영장에서 수영복과 수영모를 쓰고 그래도 폼나게 헤엄치는 법을 조금이라도 배운다.

그렇게 봄이 지나고 더운 여름이 되면 아이들은 벌써 계곡에 가고 싶어 조바심을 낸다. 어떨 때는 학교를 파하고 돌아오다가, 아직 철이 아닌데도 저희들끼리 몰래 시냇가에서 다리를 걷고 놀다가 오기도 한다. 날이 제법 더워지는 6월 말부터 아이들은 도대체 언제 계곡을 가느냐고 성화를 부린다. 이미 계곡 수영 맛을 본 형들에게서 계곡에서 노는 즐거움을 익히 들었으니 말이다.

해마다 계곡 수영을 하는 첫 여름 날은 아이들의 마음이 벌써 저 하늘의 하얀 구름과도 같다. 모두 자전거를 타고 땀을 뻘뻘 흘

놀면서 생존수영법을
배우는 아이들

려가면서 우리들의 아지트 지리산 문수골 계곡에 모인다. 그곳에서 이내 우리들의 본격적인 계곡 물놀이가 펼쳐진다.

그리 넓지 않은 계곡에서 큰아빠 샘과 자연 샘이 밧줄과 튜브를 가지고 비상시 구조 준비를 먼저 한다. 큰아빠 샘은 아이들이 이미 알고 있는 간단한 요령을 다시 알려준 뒤, 아이들을 계곡에 들어가게 한다. 자맥질과 다이빙, 물속 바닥까지 잠수해서 흰 돌 주워오기, 그리고 피라미 낚시와 통발로 물고기 잡기 등등….

어느덧 아이들은 소독약 냄새나는 수영장이 아니라, 계곡으로 콸콸 쏟아지는 물 소리와 매미 소리, 벌레 소리, 칡꽃 향기와 하늘을 나는 고추잠자리의 날갯짓을 느끼며 모든 것을 잊고 계곡에서 노는 데 흠뻑 빠져든다. 그렇게 즐기다 보면 한여름이 지나갈 무렵이면 아이들은 '실전 생존수영법'을 자신의 것으로 소화한다.

검게 탄 등에는 허물이 벗겨지지만 날이 갈수록 아이들은 산속 계곡물처럼 싱그러워진다. 도시의 게임이나 만화책보다 더 재미있는 물놀이에 몰입하는 만큼 마음과 언행도 자연스러워진다. 물의 덕이다. 그렇게 한여름이 가고, 아이들은 부쩍 자란다.

아이들과 물에서 하루 종일 놀다 보면, 어른들도 자신의 어린 시절을 만난 듯 저절로 웃음 짓게 된다. 그때 깨닫게 되는 것이 있다. 누가 저 아이들을 가르치는가? 아이들은 저절로 자란다.

DIY 여행

이은숙
한드미농촌유학센터 활동가

소백산 자락 등산로 입구에 자리 잡고 있는 〈한드미농촌유학센터〉에서 초등학교와 중학교 유학생활을 하고 있는 40여 명의 아이들과 함께 지내고 있다. 아이들과 들로 산으로 뛰어다니고 철마다 다양한 농촌체험을 함께하면서 때로는 상담을 통해 행동 수정을 유도하는 것이 우리 생활지도 교사들의 역할이다. 도시의 부모님들을 대신해 아이들의 성장을 관찰하고 기록하는 것도 우리의 몫이다.

도시에서 농촌으로 유학을 오는 아이들의 체류 기간은 일 년이다. 일 년 후 집으로 돌아가기도 하고, 다시 일 년을 더 연장하기도 한다. 길게는 몇 년씩 유학생활을 하는 아이들도 있다. 이곳 한드미 마을에서 유학생활을 하는 아이들은 핸드폰과 게임기가 없이도 스스로 놀잇감을 찾아서 논다. 1년 24절기에 따른 농사

일을 직접 하면서 수확을 위한 기다림을 배운다. 시시각각 변화하는 자연 속에서 공동체 생활을 하며 도시에서는 느껴보지 못한 다양한 경험을 하는 데 농촌유학의 의미가 있다고 할 수 있다.

여러 가지 교육 프로그램 중 DIY 여행을 소개하려 한다.

옛 신라시대의 청소년들은 호연지기를 기르기 위해 가족의 품을 떠나 무리지어 명산대천을 찾아다니며 수련을 했다는 기록이 있다. 지난 5월, 마치 이들처럼 농촌유학 중학생들이 스스로 여행을 계획하고 민주적인 방법으로 결정해 모험을 떠났다.

나는 그 전 과정을 지켜보며 동행 교사로 여행 내내 아이들과 함께했다. 아이들의 보호자로 처음부터 끝까지 함께 있어주며 최소한의 조력자 역할만 했다. 생소한 여행지에서 일어난 여러 가지 상황들에 대해 대처하고 협동단결하는 모습과 각자의 역할을 맡은 아이들이 제각각 자기의 개성과 장점을 발휘해서 여행을 즐기는 것을 지켜봤다.

단양의 소백중학교를 다니는 우리 아이들에게 중간고사가 끝나는 시기에 맞춰 여행 일정을 짜보라고 날짜와 기간을 알려주었다. 총 14명의 아이들이 4팀으로 나뉘어 가보고 싶은 여행지와 이유 등을 적고, 검색을 통해 주변 볼거리, 식사, 숙박 등을 세부적으로 작성한 포트폴리오를 제출하고, 전체 투표로 최종 여행지를 결정하기로 했다.

발표와 토론을 통해 유력한 후보지가 세 군데로 좁혀졌다. 기대 이상으로 여행의 취지와 목적을 살린 여행 후보지를 보고 내심 놀라고 대견했다. 다시금 두 시간의 발표와 토론 끝에 7번 국도를 따라 원주에 있는 풍수원 성당을 시작으로 오크벨리 뮤지엄 산 미술관, 오대산 월정사 전나무 숲길, 강릉 정동진역을 지나 삼척 해상 케이블카와 레일바이크 체험까지 최종 여행 일정이 결정되었다.

우리는 승용차 한 대와 승합차 한 대에 나눠 타고 풍수원 성당으로 출발했다. 그런데 도중에 차 안에서 아이들이 갑자기 일정을 변경했다. 풍수원 성당 대신 2일 전에 개봉한 영화를 보겠다는 것이다. 처음부터 계획을 벗어났지만 나와 또 한 명의 동행교

DIY 여행 중
강릉에서

사는 아이들의 의견을 존중했다.

돌발적인 여행지였던 영화관을 나와 향한 곳은 원주에 위치한 산속 미술관인 '뮤지엄 산'이었다. 다들 눈으로 보고 쉬이 넘길 줄 알았는데, 작품들에 관해 질문도 하고 설명도 들어가며 열심히 적기도 하는 아이들의 모습에서 자신들이 가고자 한 곳이라 더 많은 것들을 배우려 하는구나 싶었다. 또 한 명의 '안도 타다오 건축가'가 나오는 건 아닐까 하는 생각도 들었다.

전나무 숲길을 거쳐 월정사 팔각구층석탑까지 둘러본 다음 본격적으로 7번 국도를 따라 내려가는 여행이 시작되었다. 첫 여행지인 정동진 바닷가에서 인생샷을 남긴다고 많은 아이들이 바닷가를 뛰어다니며 장난치다 봄 바다에 빠져 물에 빠진 생쥐 꼴이 된 아이들도 있었다. 속초의 숙소에 도착해서 평소의 한드미 생활 습관대로 개인 정비를 하고 바다를 구경하다 잠이 들었다.

5시에 일어나서 동해의 일출을 보기로 했다. 평소엔 깨워도 절대 안 일어나는 아이들이 하나 둘 일어나서 옆자리 친구들을 깨우고 토스트를 먹으며 아침해를 맞이했다. 대견한 순간이었다. 누군가 시키지 않아도 계획대로 하나씩 잘 해내고 있다는 만족감이 교사인 내게는 더 큰 에너지가 되는 순간이었다.

우리 농촌유학 학생들은 대부분 개성이 강한 아이들이라 서로 다투는 상황이 발생할 때도 있었다. 여행지를 둘러보는 방향, 음식 메뉴 등이 그 이유였다. 그때마다 교사들은 최대한 아이들의 의견을 존중하면서도 여행 분위기를 망치지 않도록 주의를 주었다. 또 가끔은 지역의 유명한 맛집을 찾아가도 된다고 했는데 아이들은 마지막 날 잘 먹기 위해 비용을 아낀다며 맛있지만 싼 집을 잘도 찾아냈다. 덕분에 여행 경비가 많이 남아서 아이들과 의논한 끝에 태백에서 하루를 더 여행하기로 결정했다.

돌발적인 변수가 많은 DIY 여행에서 갑자기 결정된 일이라 숙소는 미리 예약하지 않았다. 운전을 하는 선생님들을 대신해 아이들이 각자 좋은 숙소를 검색해 직접 예약을 하고 안내했다. 숙소는 굉장히 고급스럽지만 저렴한 정선 고급 리조트였다. 우리 아이들의 문제해결능력이 굉장히 높아진 듯해서 굉장히 뿌듯했다. 하지만 숙소에 대한 칭찬을 마치고 향한 석탄 박물관은 월요일 휴관이었다. 계획 중에 요일에 대한 고려는 하지 못한 모양이라 아쉬워하는 뒷모습을 보는 중에 한 아이가 얘기했다. "그래도 우리 월요일에 박물관 쉰다는 건 알았잖아?"라며 여행지 탐방에 실패하여 실망한 아이들을 다독였다.

좌충우돌하고 가끔은 생각 없이 행동하는 것 같은 아이들이 마을을 떠나 새로운 여행지에서 서로 의지하고 믿어주고 가끔은 맛없는 음식점을 찾아 실망하더라도 크게 내색하지 않는 모습을 보며 흐뭇했다. 이렇게 성장하는구나, 후배들은 선배들을 따르고 선배들은 후배들을 이끌어주며 서로 믿음으로 하나 되는 것, 이것이 우리 여행의 목적이 아닐까? 이런 방식의 교육 프로그램이 우리 아이들을 더욱 단단하게 성장시키리라 믿는다.

자립을 배우는 여행

임성훈
대리마을농촌유학센터 활동가

자립 여행은 보통 학교에서 가는 여행과는 많이 다르다. 아이들은 시골에서 지내면서 많은 일들을 경험하지만 이 여행을 가장 기다린다. 사부님, 친구들과 2박 3일을 함께하며 공부도 하고, 재미있는 체험도 하고, 많은 추억을 쌓기 때문이다. 한 지역의 역사와 문화를 공부하기도 하지만, 자연스럽게 대중교통이나 대중시설 이용법을 익히고, 다른 사람들과의 생활에서 유의하고 지켜야 할 내용들도 습득한다. 그래서 우리는 이 여행을 '자립 기술을 배우는 여행'이라고도 부른다.

여행은 매주 일요일 저녁에 열리는 유학센터 자치회의에서 아이들이 의견을 내고 토론을 해서 정한다. 아이들이 가고 싶은 지역을 발표하고, 그 후보지 중에서 다수결로 지역을 정하고, 지역이 정해지면 답사할 역사현장을 정하고, 각 역사현장을 미리 공부하고 발표할 사람도 정한다. 시간도 오래 걸리고 사부님의 도움도 조금 받지만, 이제는 꽤나 중요하고 많은 사항을 결정지을 수 있을 만큼 회의를 잘 해내고 있다. 유학센터 자치회의는 우리의 센터생활의 모든 것들을 얘기하고, 반성하고, 계획하는 중요한 시간이다.

따스한 햇살이 내리쬐는 6월, '서울 지하철 역사탐방'이라는 주제로 드디어 여행을 떠난다. 작년에 다녀왔던 부여, 공주 역사탐방도 좋았는데 이번은 서울이라…. 도시에 사는 아이들은 도시로 여행을 떠나는 게 좀 이상하게 느껴진다. 그래도 내심 기대를 하

미리 조사한 자료를
탐방 중 발표하기

며, 임실역사 앞에서 기념촬영을 한 후 기차에 올라탔다.

아이들은 지정된 좌석에 앉아 회의를 하기도 하고 함께 정한 규칙을 지키며 자유시간을 갖는다. 다른 사람이 같이 있는 공간에서는 소란스럽지 않게, 좌석을 자주 이탈하지 않고, 공중도덕을 지키며 대중교통을 이용한다. 각 조장들의 책임하에 조원들이 위에 나열한 규칙을 지키려고 노력한다. 이미 수차례 역사탐방 등의 프로그램을 경험한 아이들에게는 그리 어려운 일이 아니다. 또한 센터에서의 습관이 몸에 자리 잡고 있기에 가능한 일일 것이다.

조금은 늦은 시간에 서울 숙소에 도착한 우리는 내일부터 있을 프로그램 일정을 다시 확인한다. 조별로 야식을 먹고, 회의를 마치고, 취침 준비를 한 후 기대감을 안고 잠자리에 든다. 기대감에 부푼 아침, 우리는 역시 조장의 지휘 아래 숙소 정리를 마치고, 두고 가는 물건이 없는지 다시 한 번 확인 후 숙소를 나온다. 자리를 이동할 때 정리정돈 및 분실물을 확인하는 것도 센터에서 지내면서 자연스럽게 체득하게 된 좋은 습관 중 하나인 거 같다.

아이들은 차례를 지키며 지하철 탑승권을 사서 지하철에 탄다. 다른 사람에게 방해를 주지 않으며 서울의 대표 교통수단인 지하철을 타고 이동한다. 빈자리에 앉아 있는 친구들은 다른 친구들의 가방을 들어주고, 노약자나 임산부가 보이면 자리를 양보한다. 센터에서보다 밖에 나와 있을 때 더 착해지는 거 같다는 생각이 들 정도다.

역사 명소가 있는 지하철에 내려, 그 역사현장에서 사전에 준비한 발표 자료를 다른 조원들 앞에서 발표하고 질문을 받는다. 사부님은 추가 설명 후에 몇몇 아이들에게 발표 내용을 질문한다. 여기서 답변을 잘 하지 못하면, 주위에 있는 외국인들에게 가서 인사를 하고 시간을 물어보는 과제를 벌칙으로 수행해야 한다. 재미있는 장면들도 많이 연출되지만, 자연스럽게 외국인들과 얘기를 할 수 있다는 생각이 들면서 떨림과 성취감이 함께 드는 이상한 시간이다.

　　이곳저곳 역사현장을 돌아다니고 나서 맛보는 맛집의 식사는 우리에게 적지 않은 보람과 해냈다는 자신감을 포함한 큰 행복을 준다. 그리고 주어지는 자유시간! 아이들이 가장 기다리고 기다리는 시간이다. 조원끼리 계획한 대로 영화 관람, 쇼핑, PC방 이용 등 정해진 시간까지 마음껏 자유시간을 즐긴 후 모이면 된다. 중간에 돌발 상황이나 무슨 일이 있으면 조장이 가까이 있는 사부님에게 연락하고 전달사항을 받아 조원들과 공유하면 된다. 이 또한 평소 유학센터의 많은 프로그램을 수행하면서 습관으로 자리 잡은 것이다. 이런 모습들 때문에 센터가 아닌 학교에서 체험 학습을 가면 선생님께 칭찬받기도 하고 자연스레 모범이 되기도 한다.

　　자립 기술을 배우는 여행은 센터생활의 연장이라는 생각이 든다. 농촌유학을 하면서 도시에 있을 때는 전혀 할 줄 몰랐던 많은 자립 기술들을 배웠다. 요리도 만들고, 빨래도 하고, 대중교통을 이용하고, 다른 사람들과 함께 지내는 법 같은 것 말이다. 여행을 잘하려면 그런 기술들이 필요하다. 센터생활을 잘하는 만큼 여행도 잘하고 여행을 즐기는 만큼 센터생활도 즐길 수 있는 것 같다.

12월이 다가온다. 이제 1월에 있을 겨울방학 맛보기 캠프를 위한 자치회의를 해야 한다. 그리고 내년에 가보고 싶은 산, 자전거로 달리고 싶은 곳, 여행할 곳 등을 함께 알아보고 정해야 한다. 내년에 있을 우리의 멋진 활동들이 벌써 기대된다.

3장

....

함께 살면서 배운다

_마을과 공동체

농촌유학의 하루,
함께 살면서 배우는 것들

임진희
열린마을농촌유학센터 대표

〈열린마을농촌유학센터〉는 '대가족형' 유학센터이다. 이곳에서는 청소년 상담을 전공한 상담 교사가 엄마, 아빠 역할을 맡고, 그 외에도 조경사 할아버지와 할머니, 삼촌과 이모들이 있다. '신생님' 호칭보다는 가족의 호칭을 쓴다. 나의 어린 시절 친구의 부모님을 아줌마, 아저씨라고 하지 않고 어머니, 아버지라고 부른 것처럼. 그분들은 나를 딸로 생각하고 따뜻하게 대해 주신다.

유학을 온 아이들에게도 이런 정서를 느끼게 해주고 싶었다. 가족을 떠났다는 허전함보다는 새로운 가족이 이렇게 많아졌다는 마음으로 따뜻한 유년 시절을 보내기 바랐기에, 나는 '엄마'가 되었다. 그래서인지 아이들은 이곳을 센터로 여기기보다 시골집이라 생각한다. 이곳은 시골 고향이 없는 아이들에게 고향집이 되었다.

이곳의 하루는 더 자려는 자와 깨우려는 자의 요란한 소리로 시작된다. 일어나자마자 '아침 인사'와 '엄마 안기'를 한다. 아이와의 관계에서 '몸 대화'는 중요하다. 백 마디 말보다 마음을 다한 몸 대화에 더 큰 힘이 있기 때문이다. 자고 일어나 안아주고 볼에 뽀뽀를 하며 '평안입니다' 그리고 '어제보다 더 사랑해'라고 말해준다. 더 자려고 짜증을 내는 아이도 엄마의 힘찬 몸 대화를 받고 나면 짜증을 스스로 절제하려고 애쓴다.

진한 몸 대화를 마치고 아침식사를 한다. 등교 준비를 1시간 30분 동안 하기 때문에 식사도 조급하게 하지 않고 천천히 한다. 배식을 하거나 식판을 이용하지 않고, 집에서처럼 밥상에 네 명씩 둘러앉아서 먹는다. 처음에는 많은 설거지거리에 고민하기도 했지만 집이라는 편안함을 주기 위해서 노동을 감수하기로 했다. 기숙사가 있는 고등학교에 진학해 주말에만 이곳에 오는 태우는 "일주일 동안 집밥이 그리웠다"고 말한다. 성인이 된 유학생들이 찾아와 밥이 그립다고 얘기해줄 때, 가슴이 뭉클하고 감사하다.

식사 시간에 반드시 먹어야 하는 음식(아이들이 좋아하지는 않지만 몸에는 좋은 음식)을 '완판 음식'이라고 부른다. '완판 음식'을 다 먹기 위해 아이들은 밥을 먹으며 의논을 한다. 의논 방법도 다양하다. 인원 수만큼 정확하게 나누어 먹기도 하고 가위바위보로 먼저 먹는 순서를 정하기도 한다. 누구든 짜증내지 않고 모두가 고루 먹는 선에서 그렇게 한다. 가끔 갈등도 있지만 그 해결 과정도 관계 학습이라고 생각한다. 식사 후 정리도 함께 먹은 아이들끼리 의논해서 한다. 밥상이 지저분하면 다음 식사 때 전체 밥상을 치워야 하기 때문에 잘 정리한다. 이처럼 식사 시간에도 여러 가지 교육이 자연스럽게 이루어진다.

등교 준비를 마치면 함께 지혜서를 읽으며 마음을 정리한다. 함께 손을 잡고 축복하는 시간을 갖는다. 엄마가 아이들 한 명씩 축복하고 몸 대화를 나누는 중요한 시간이다. 꼭 안아주고 "사랑하고 축복합니다"라고 말을 해준다. 오로지 그 아이에 집중한다. 공동체는 '함께'라는 장점도 있지만 의식하지 않으면 '개인'을 놓칠 수 있다. 또한 이 시간은 아이의 외모와 청결 상태도 자연스럽

상차림을 돕는
아이들

게 살필 수 있는 좋은 기회다. 등교 시간에 아이들은 때때로 늦장도 피우고 갈등도 겪지만, '엄마와 사랑의 시간'에 다 풀고 학교에 간다. 그래서 우리 아이들 등교 시간은 항상 웃음으로 가득하다.

　학교에서 돌아오면 아이들은 곧바로 손을 씻고 간식을 먹는다. 전에는 간식을 미리 공지했는데 자체 회의를 통해 그때그때 알려 달라고 해서 아이들은 간식에 대한 기대감으로 행복하게 센터에 온다. 아이들은 간식을 먹고 프로그램에 참여한다(사물놀이, 역사 공부, 생태 수업, 악기 수업 등).

　그리고는 텔레비전 시청을 한다. 몇몇 아이들이 의논해가면서 짧은 시간 동안 보고 싶은 다양한 프로그램을 보는데, 자신들의 욕구를 조정하는 아이들을 보면서 대단하다는 생각이 든다. 그런데 이곳에 머문 시간이 길수록 텔레비전보다는 놀이를 선택한다. 놀이는 정말 다양하고 창의적이다. 가끔 장롱과 책상, 이불 속과 세탁기 위에 숨어서 당황스럽기도 하지만 보는 사람도 행복하게 만드는 우리 아이들은 놀이 연구가, 놀이 장인들이다.

　저녁 식사는 잔칫집 같다. 끝없는 대화와 웃음으로 30~40분 정도 천천히 그리고 편안하게 식사한다. 식사 후 목욕을 하는데, 고학년 아이들은 선생님이 살펴주고, 저학년 아이들은 선생님이 씻겨준다. 목욕 시간은 아이들에게는 놀이 시간이지만 선생님들에게는 아이들 건강 상태를 살피고(상처나 아픈 곳이 있는지 확인) 생활 속 성교육을 하는 시간이다. 목욕 후 로션 마사지를 하는데

이 또한 중요한 몸 대화 시간이다.

매일 잠들기 전에는 '감사 시간'을 갖는다. 우리 센터의 새해 목표는 '감사하기'다. 하루가 어땠는지 돌아보고 일과 속에서 감사한 것을 말한다. 짧은 감사 시간은 아이들로 하여금 불평보다는 감사를 선택하게 만드는 놀라운 힘을 가졌다.

취침 시간이 되어도 아이들은 잠들기보다는 무언가를 더 하고 싶어 한다. 큰소리나 화를 내지 않고 이런 마음을 가라앉히는 최고의 방법은 책 읽어주기이다. 책을 읽어주면 예쁘게 잔다. 때로는 지친 선생님들을 대신해 언니, 오빠들이 읽어줄 때도 있다. 그래서인지 농촌유학 언니, 오빠들은 동생들을 참 잘 돌본다.

핵가족 시대인 요즘, 많이들 외롭고 심심해서 사람이 아닌 기계와 관계를 맺는다. 그러나 여기서는 기계가 아닌 사람과 관계를 맺고 사람을 배우고 사람 속에서 사랑을 느끼며 산다. 또한 이곳의 아이들은 심심하다는 말을 하지 않는다. 대가족으로 지내므로 심심할 틈도 없지만, 심심함이 또 다른 말로 '여유'라는 것을 알기 때문이다. 대가족인 우리는 할아버지, 할머니를 통해 어른 대하는 법을 배우고, 엄마, 아빠를 통해 사랑을 배우고, 유학생들끼리는 배려를 배운다. 이런 것들은 책에서는 배우기 힘든, 삶을 통해서만 배울 수 있는 최고의 축복이라고 생각한다.

어이구, 내 새끼들

류언근
울스약 창조학교 교장

 낮이나 밤이나 가끔씩 불어대는 바람 소리 외에는 사람 소리도 개 짖는 소리도 잘 들리지 않던 섬마을. 전남 완도군 청산면 청산도의 위도 대모도에는 동쪽과 서쪽에 각각 마을이 있어 동리와 서리라 부른다.
 두 마을은 예부터 돌멩이 하나까지 경쟁적으로 의식하는 전통을 갖고 있다. 동리는 서리보다 한 세대쯤 윗세대여서 20여 년 먼저 학교가 문을 닫았고, 서리는 한두 명의 학생들로 겨우 학교를 유지하고 있다. 2009년 두 명의 학생이 있다가 한 명이 전학 가는 바람에 2010학년도에는 폐교된다는 소문이 동리와 서리에 파도처럼 전해졌다. 학교가 없어진다는 소문을 어른들은 누구도 반기지 않았다.
 섬마을엔 원주민 아이들이 없으니 섬마을 유학을 시도해보자고 생각했다. 동리의 폐교를 〈울스약 창조학교〉('우리 스스로 아름다운 이야기 만듦터'의 줄임말)라는 섬마을 유학센터로 만들었다. 천연교육장인 섬마을에 유학이 시작되고서 서리의 청산초 모도 분교는 폐교 위기를 면했다.

아이들이 약 3.5km 정도의 거리를 등하교하면서 섬에 일어난 변화는 미처 예상치 못했던 것이었다. 아이들이 학교를 오가면서 부르는 노랫소리와 떠드는 소리는 섬의 적막을 깨고 새로운 활력을 불어넣었다. 귀가 어두운 어르신께 작은 소리로 인사를 하면 잘 못 들으시기 때문에 큰 소리로 인사해야 했다.

붕어빵을
마을 어르신께

말 그대로 아이들은 두 마을의 산소였다. 아이들을 싫어하는 어르신은 단 한 분도 안 계셨다. 밭둑에 앉아서 쉬다가 아이들이 하교할 때 만나면 아주 자연스럽게 당신들 어렸을 적 학교생활 이야기를 들려주셨다. 밭둑이나 양지바른 담벼락에 옹기종기 모여 앉아서 "어이구, 내 새끼 이뻐 죽겠네"를 연발하시는 모습은 당신들의 손주를 대하는 것과 다름없다. 아이들이 동리와 서리의 '내 새끼'가 된 것이다. 이런 일이 어찌 도시에서 가능할까. 이따금 호주머니 속 땀이 밴 꼬깃꼬깃한 천 원짜리, 만 원짜리 지폐를 꺼내서 아이들에게 용돈으로 주는 모습은 이곳에서만 볼 수 있는 진풍경일 것이다.

섬마을 어르신들을 어떻게 하면 기쁘게 해드릴 수 있을지 연구를 하다가 붕어빵틀을 구했다. 가끔씩 붕어빵을 구워 아이들이 가가호호 방문하여 전해드리면 어르신들은 뒤로 넘어가듯 반기고 좋아하신다. 붕어빵을 난생 처음 먹어본다는 할머님들의 말씀에 아이들은 서로 얼굴을 마주보면서 입을 벌리고 다물지 못했다. 이럴 때 문화적 차이를 확인할 수 있다.

또한 마을회관에서 소일거리 하며 지내는 어르신들의 무료함을 달래기 위해 '울림소리 공연단'을 만들어서 비정기적으로 재롱 잔치를 열기도 한다. 난타와 율동, 진도 아리랑과 홀로 아리랑 등을 공연한다.

아이들이 어른들의 삶을 보고 배우는 일은 쉽지 않다. 그런데 섬마을 어른들을 따라다니며 바다낚시를 배워서 꽁치를 300여 마리나 잡고, 양 먹이를 손수레로 나르고, 먹을 수 있는 나물과 먹을 수 없는 나물을 구별하고, 바다 물때를 알고 해초를 채취하는 등 나보다 더 빠르게 시골살이를 배우는 모습이 부럽기도 하고 신기하기도 하다.

이젠 철마다 할머니들이 아이들이 먹을 김치와 채소와 먹거리를 챙긴다. 이에 아이들은 떡과 과자, 사탕과 따뜻함으로 보답한다. 한 달에 한 번씩 도시의 부모를 만나러 아이들이 섬을 떠나는 날이면 "언제 올 거냐?"는 인사가 줄을 잇는다. 아이들은 도시의 집에 가도 빨리 섬마을로 돌아오고 싶어 해서 부모들이 몹시 서운해하기도 한다. 이젠 아이들도 섬마을 식구가 되었다.

마음의 움직임을 알아채기

손나영
부론 자연학교 교장

농촌유학센터에서 아이들을 위한 교육은 다양한 방식으로 이루어진다. 아이들의 지적인 성장을 위해 필요한 교과목을 제공하거나 자연 속에서 재미있는 활동을 하기도 한다. 하지만 놓쳐서는 안 되는 것 중 하나가 '마음교육'이 아닐까 싶다. 유학생활의 기초인 생활습관 교육도 마음교육에서 시작된다.

아이들의 생활습관을 들여다보면 고칠 것들이 참 많다. 대인관계의 기본인 인사부터 물건 정리정돈, 이부자리 정리, 방 청소, 대화하는 법, 토론하는 법 등. 그런데 생활교육은 지성적인 이해와 정서적인 공감대가 형성되지 않으면 일시적인 변화에 그칠 뿐 지속되지는 않는다. 아이들은 선생님이 하라고 권하면 따라 하긴 하지만 거기에 자발성은 없다.

인사를 예로 들어보면, 아이들은 처음에는 인사를 잘하지만 조금만 지나면 서로 익숙해져서 만나도 인사를 안 하기 일쑤다. 심지어 언제 어디서 어떤 상황에서 만나도 "안녕하세요"가 인사의 전부다. 마음으로 하지 않는 것이다. 그래서 상황에 맞는 인사법부터 연습하기 시작했다. 그 후로 이어지는 지난한 교육의 시간들, 정말 아이들도 선생님들도 인내심이 필요한 시간이었다.

그래서 시작한 것이 '마음교육'이었다. 교과목으로 정해진 교육이 아니라 생활 속에서 부딪히게 되는 다양한 상황 속에서 자신의 감정과 생각을 알아차리는 훈련이다. 아침에 일어나기 싫을 때도, 무언가 실수를 해도, 친구들 사이에 다툼이 있을 때도, 내 감정은 어떤지, 내 생각은 어떤지를 이야기하기 시작했다.

한번은 동환(가명)이와 성민(가명)이 사이에 다툼이 있었다. 남자아이들 간에 다툼이 잘 일어나는데, 그때마다 보이는 모습은 한결 같다. 자기가 옳다고 서로 끊임없이 주장하는 것이다. 사건은 이러했다. 동환이가 컴퓨터로 수학공부를 하는데, 성민이가 5분 동안이나 자기 컴퓨터를 쳐다봤다고 화를 낸 것이다. 성민이는 지나가며 잠깐 눈길이 간 것이고 자세히 보지는 않았는데 화를 낸다고 맞받아쳤다. 어떤 상황이 벌어질지 뻔했다.

두 사람 모두에게 마음을 잘 보라고 안내했다. 우선 동환이에게 성민이가 컴퓨터를 보면 왜 싫은지, 어떤 생각이 드는지 물었다. 동환이는 처음에는 그냥 싫다고 하다가 잠시 후 뭔가 불안한 마음이 생긴다고 말했다. "왜 불안할까? 잘 생각해봐" 하자 한참 후 6학년 수학을 봐서 그런 것 같다고 대답했다. 지금 자기는 4학년이라 선생님이 4, 5학년 수학을 보라고 했는데 성민이가 이를 까봐 걱정이 되어 불안했다고 말했다. 그 말을 하는 순간 날 서 있던 아이 모습이 갑자기 편안해졌다. 그런 불안한 마음이 생기지 않으려면 어떻게 하면 될지 물으니 6학년 수학을 보지 않거나 선생님께 허락을 받고 보면 된다고 했다. 그렇게 자기 속마음을 잘 들여다본 동환이는 스스로 성민이에게 사과를 했고, 성민이도 함께 사과했다. 분쟁이 순식간에 평화롭게 해결되었다.

2년 전 동환이가 이곳에 왔을 때 눈에 띈 점은 어떤 것이든 순순히 받아들이지 않고 무조건 거부하는 것이었다. 부모님도 어찌할 수 없었다. 그러나 지금 동환이는 마음교육을 통해 거부할 때 마음이 어떻게 움직이는지 현명하게 알아차리는 아이로 변했다. 그래서 친구들과 부딪히는 일도 줄어들고 자신감이 충만한 아이로 자라고 있다. 부정성도 힘이기는 하나 그 힘은 언젠가는 무너진다. 하지만 인정하고 수용함으로써 생기는 힘은 아이의 인격 성장에 큰 기반이 될 것이다.

또 다른 예로, 한번은 성민이가 동우 책을 빌렸다. 그런데 갑자기 동우가 냉랭한 말투로 짜증을 내며 책을 돌려달라고 했다. 허락을 받고 빌린 책이기에 성민이는 농담인 줄 알고 계속 책을 보는데, 급기야 동우가 화를 내며 책을 빼앗았다. 그러고는 말다툼이 이어졌다. 잠시 지켜보다 중재에 나섰다. 동우에게 왜 갑자기 책을 다시 빼앗았는지 묻자, 저녁식사 시간에 성민이가 기분 나쁜 말을 해서 그렇다고 답했다. 자기 기분을 상하게 했으니 호의를 베풀 필요가 없다는 것이다.

　동우가 이 사건을 이성적으로 이해하도록 안내했다. 나는 질문을 하고 동우는 스스로 생각하고 대답했다. 결국 동우는 책을 빌려준 것과 저녁식사 시간에 있었던 사건이 별개의 일이라는 사실을, 기분 나쁘다고 약속을 일방적으로 깨버리는 것이 바람직하지 않음을 이해했다. 그리고 더 근본적인 원인도 알아차렸다. 바로 성민이가 자신을 형으로 대접하지 않아서 기분이 나빴다는 사실이다. 성민이는 형이 좋고 편해서 그런 것이라 답했고 미안하다고 사과했다. 동우도 책을 일방적으로 빼앗은 것과 오해한 것에 대해 사과했고, 둘은 언제 그랬냐는 듯 금방 사이가 좋아졌다.

마음의 움직임을
살피도록 돕는 시간

지성을 계발하는 교육이 필요하듯 마음에도 교육이 필요하다. 마음교육은 생활 속에서, 바로 그 상황에서 이루어지는 교육이다. 원인을 외부에서 찾기보다 자신의 마음 안에서 찾는 것이다. 내가 변하면 세상이 변한다는 이치를 실천하는 방법이다.

농촌유학은 특히 마음교육을 하기에 정말 좋은 환경이다. 마음교육은 함께 살아가면서 아이의 사소한 말 한마디, 동작 하나에서 단서를 찾아 그 순간, 그 장소에서, 그 사건을 두고 이루어지는 교육이다. 학업이 우선시되고 정해진 일정만을 따라가는 도시의 학교에서는 그런 단서를 찾기 힘들고, 찾아도 그것을 다룰 여유가 없다. 아이들을 잘 키우기 위한 자연환경을 갖춘 농촌에서 마음교육이 함께 훈련된다면 농촌유학은 자라나는 아이들에게 최고의 환경을 제공해줄 수 있을 것이다.

온마을학교,
마을이 학교다

김인정
별빛산골교육센터에서 '온마을학교'를 진행했다.
지금은 숲해설가로 일하고 있다.

별빛공부방은 옛이야기와 같다. 아이들과 마을 여기저기를 걷고, 달리고, 어느 날은 매실나무 밭에서 그림도 그리고, 길가다 농가에 들러 인사도 하고, 농가에서 하는 일들을 구경하기도 했다. 따로 계획이 없는 자유로운 순간들이 많았다. 아이들은 스스로 놀 줄 알았고, 흘러가는 냇물처럼 마을과 함께 흐른 것 같다.

그 시절 별빛공부방에는 할아버지, 할머니 교사 두 분이 계셨다. 할아버지는 아이들의 바깥 나들이에 본인 차량으로 운전을 해주셔서 공부방에서 멀리 떨어진 곳도 다녀올 수 있었고, 할머니는 아이들과 함께 바느질을 해주셨다. 또 학부모나 주민들로부터 이런저런 도움을 받기도 했다.

동네 아저씨, 아줌마들이 교사가 되어 아이들과 함께했고, 어느새 텃밭, 바느질, 요리, 목공 등이 주요 교육활동으로 자리를 잡았다. 그렇게 작은 마을 안에서 우리끼리 하던 것들이 바깥의 너른 세상에는 '온마을학교'라는 이름으로 알려졌다. 지금은 강원도교육청의 지원도 받고 있다. 마을 교류 프로그램인 '온마을학교'의 활동 내용을 짧게나마 소개한다.

어르신 댁 방문하기

〈별빛산골교육센터〉의 아이들은 독거 어르신들을 찾아뵙고 이야기를 듣기도 하고, 창문에 뽁뽁이를 붙이고 문짝을 고치거나 신발장을 만들어드리기도 한다. 자원하는 아이들이 하는데, 가끔은 권유(?)에 의해 하기도 한다. 미리 정해진 틀은 없다. 어르신 댁에 가서 해야 할 일을 서너 가지 이야기해주고, 하고 싶은 것들을 선택하게 한다. 아이들은 자연스레 각자 할 일들을 찾아서 한다. 한쪽에서는 뽁뽁이를 붙이고, 여자아이들은 주로 화장실 청소를 도맡아 하고, 그나마 이것도 저것도 싫은 아이들은 마당 청소를 한다. 혼자 사는 어르신 댁이 갑자기 들썩들썩해진다.

한번은 6학년 아이들을 예고 없이 데려가게 되었는데, 투덜거리는 소리가 멈추지 않더니 어르신 댁 마당에 도착하니 갑자기 뚝 그쳤다. 그중 가장 많이 투덜대던 여자아이는 나무 밑에 매인 큰 개가 싼 똥 무더기를 보더니 자기가 치우겠다고 신나게 달려갔다. 일이 마무리되자 둘러앉아 가져간 간식을 먹으면서 어르신과 이야기를 나눈다. 전쟁 이야기, 못 먹고살던 시절의 이야기 등

등. 아이들 머리가 천장에 닿을 정도로 낮고 좁은 방에 둘러앉아 이야기꽃을 피운다. 할머니를 웃겨드리고 다정하게 이것저것 물어보는 녀석은 일할 때 제일 뺀질거리던 녀석이다. 그래, 네 역할은 마당 청소가 아니라 말벗이었구나. 이렇듯 아이들이 가진 저마다의 것들이 마을 안에서 작게나마 어우러진다.

마을 놀이터

아이들 일상의 주된 동선은 '집-학교-별빛센터-집'으로 이어진다. 학교에서 센터로 이동할 때는 주로 걷지만 나머지는 대부분 차량 이동이다. 이곳은 여섯 개의 마을로 이루어져 있고, 강원도 산골답게 숨은 골짜기가 많다. 마흔 명쯤 되는 아이들이 사는 집들은 골짜기 곳곳에 흩어져 있다. 그러다 보니 누가 어디에 사는지 잘 모르기도 하고, 마을 구석구석에 무엇이 있는지도 잘 모른다. 모르는 것은 어른들도 마찬가지로, 센터 선생님도 모르고 부모님도 모른다.

그래서 어느 봄날에는 고탄 마을에서 나서 자란 어르신을 모시고, 아이들과 선생님, 학부모들이 함께 마을의 옛이야기를 들었다. 어르신은 자신이 자란 마을의 모습을 손수 글과 그림, 사진으로 남기셨다. 마을에 대한 애정이 얼마나 큰지 볼 수 있었다. 마을의 역사뿐만 아니라 마을의 전설과 마을에서 행해졌던 놀이까지 그림으로 그려놓으셨다. 그 옛날 고탄교에서 어른들과 아이들이 함께했던 '다리 밟기 놀이'를 다시 할 수 있게 된다면 마을은 훨씬 신이 날 것이다.

이처럼 옛날 어르신들의 놀이 무대였던 골짜기에서 마을 이야기를 들어보고 옛 놀이도 함께 해보았다. 여섯 개의 마을 지도에 아이들의 집과 유학 농가, 버스가 다니는 길을 함께 표시해보았다. 나중에 아이들이 이름 붙인 숨은 장소들과 마을 곳곳의 놀이터가 마을 지도에 더해지면 좋겠다 싶었다.

온마을 한마당

시골에선 면체육대회가 가장 큰 행사이고, 실상 체육대회를 빼면 다른 행사도 없다. 체육대회에는 아이들도 없고 아주 나이 많으신 어르신들도 없지만, '온마을 한마당'엔 아이들, 젊은 아줌마 아저씨들, 할아버지 할머니들이 골고루 다 있다. 어르신들의 전통 혼례와 짚공예를 비롯한 여러 시골 체험을 할 수 있고, 아이들의 재롱이 곁든 마을의 이야기들이 무대에 오른다. 이렇게 함께하는 한바탕 소란 속에 아이들은 한 뼘 더 자란 모습을 보인다.

지구마을 맛보기

별빛 작은 마을에서 다양한 세계 요리를 통해 지구 마을을 맛으로 그려보고 지구 시민이 되는 큰 꿈을 꾸어보았다. 강원도의

'막장'에서 시작해서 북한과 남한의 밥상, 캄보디아, 우즈베키스
탄, 일본, 베트남, 중국 그리고 새들의 밥상까지. 비록 전부 아시
아권이었지만 그래도 우리에겐 큰 밥상이었다. 다문화가정의 학
부모가 교사로 나서주셔서 더욱 의미가 컸다.

사랑의 점심 나눔

일 년에 몇 차례 동네 어르신들을 모시고 점심을 함께하고 있
다. 같은 마을에 살아도 뵙기 어려운 어르신들, 이런 자리라도 있

장 담그는 법
배우기

으니 그나마 인사도 드리고 다른 마을 어르신들의 얼굴도 익힌다. 센터에서 왜 이런 일까지 할까 궁금할 수도 있겠다. 어떤 교육적 가치를 가지고 의도적으로 하는 것은 아니다. 하지만 이런 소소한 삶이 교육이라는 생각이 든다. 이후에는 센터의 일이 아닌 마을의 일이 되고, 여타 지원이 없더라도 십시일반 마을의 힘으로 쭉 이어졌으면 좋겠다. 나도 할머니가 되면 지금 이 자리에 앉아 아이들과 밥을 먹으면 좋겠다.

이렇게 온마을학교를 운영하고 있다. 아직 마을과 학교가 함께 하는 게 서툴기도 하지만 잘하는 것이 아니라 함께하는 것을 목표로 삼는다. 부족한 것들은 옆에서 앞에서 뒤에서 서로 채워가며 이루어가고 있다. 그리고 그 과정에서 아이들도 하나의 톱니바퀴로 함께 굴러가고 있다. 이런 것이 교육이라고 믿는다.

마을의 보살핌을
받는 아이들

소호산촌유학센터 활동가

아이들은 학교를 마치면 느티나무가 드리워진 학교 운동장에서 친구들과 놀다 유학센터로 온다. 센터로 오는 길의 오른쪽에는 논밭이 있고, 왼쪽에는 계곡과 산이 있어서 매일 달라지는 풍경을 오감으로 느끼며 걸어서 다닌다.

오후 4시 반, 아이들은 센터에서 농가로 간다. 유학생들이 사는 집을 '농가'라 하는데, 유학생활 동안 아이들이 지내는 '집'이다. 농가에 오면 가방을 풀어놓고 같이 사는 친구들과 더 놀기도 하고 책을 읽기도 하다가 해야 할 일을 한다. 아이들은 저녁식사 전까지 자신이 사는 공간을 살피고 정리하는 일을 한다. 일상적인 일이라 프로그램이라고 하기엔 좀 이상하지만, 정해두고 꾸준하게 진행하는 일들이다.

아이들은 집에 오면 씻고 방청소를 하고, 빨래를 개고, 옷서랍

마을의 보살핌을 받는 아이들 **217**

을 정리하고, 또 저녁식사 준비에 참여한다. 이모가 저녁을 준비하는 동안 옆에서 양파를 썰거나 마늘을 까서 찧어주거나, 텃밭에서 대파를 뽑아다주거나 채소를 씻는 등 아이들 손으로 도울 수 있는 일을 한다.

"너는 아직 어리니까 네 일이나 해"하며 집일로부터 아이를 소외시키지 않고 작은 일이라도 직접 참여하면 집일에 관심을 갖게 된다. 이것이 함께 사는 우리 모두의 일임을 '농가'의 일상 속에서 배우게 된다.

일상의 일에 아이들의 촉이 살아나고, 살피며 할 줄 아는 것이야말로 삶의 바탕이 되기에 참으로 소중하다고 생각한다. 밥상을 함께 준비하고 차리는 일, 자신의 공간을 스스로 챙기고 정리하는 일은 지금, 여기에 있음을 아는 명상과도 같은 일이란 생각이 든다.

저녁을 먹고 나서도 아이들은 식탁을 떠나지 않고 같이 모여 앉아 낮 동안 있었던 이야기나 걱정거리, 궁금한 이야기 등을 하면서 시간을 보낸다. 이렇게 모여 앉아 이야기를 하다 보면 30분이 훌쩍 지나가버린다. 아이들은 하루의 이야기와 질문들을 끝없이 쏟아놓는다.

"아저씨, 중학교 가면 어떤 사람이 공부를 잘해요?"

"이모, 히키코모리는 어떤 사람인지 아는 대로 말해주세요."

"아저씨, 잘난 척하고 다른 아이를 무시하는 친구는 장래를 위해서 변화를 시켜줘야 해요, 내버려둬야 해요?"

"학예회 준비 때문에 힘들어요. 밴드부 아이들이 엉망이라 너무 힘들어요…."

우리나라 가정들의 3분의 2는 가족 간 대화 시간이 30분 미만이고, 휴대폰 사용 시간은 절반 이상이 한두 시간을 넘는다고 하는데, 농가에서는 아이들과 대화하는 시간이 그보다 훨씬 많고 이야기 주제도 다양하고 재미있다. 농가에서는 2~4명 정도의 아이들만 같이 지내다 보니 가족 같은 느낌으로 더 많은 이야기를 나누는 편이고, 서로 간에 유대감이 깊어져서 정서적 안정에도 도움이 된다.

저녁식사 후
이야기꽃을
피우는 시간

이렇게 저녁시간에 모여서 자신의 이야기를 하고 서로의 생각을 나누다 보면, 아이들은 자신을 참 잘 보고 솔직하다는 게 새삼 느껴진다. 어른들의 일방적인 가르침을 받기보다는 이야기를 하다가 스스로 방법을 찾을 때도 있고 생각이 정리되는 경우도 있다. 어떨 땐 솔직하고 단순하며 쉬운 아이들의 말 속에서 어른이 배우기도 하니 서로 좋은 일이다.

저녁 8시부터 40분간 묵학 시간을 가진다. 이 시간에는 산골살이 달력 쓰기, 일기 쓰기, 숙제, 독서를 한다. 산골살이 달력은 유학센터에서 진행하는 활동으로 하루를 지내면서 그날에 기억할 만한 자신의 경험, 느낌, 변화를 적는다. 하루의 기록이 모여 일 년이 되고, 세월이 지나면 자신의 역사가 되도록 가능하다면 자세하게 기록하게 한다. 하지만 자세하게 기록하는 아이도 있고 빼먹고 대충 적는 아이도 있다. 매일 꾸준히 기록하는 건 힘든 일이지만, 기록하는 습관을 갖는 데 도움이 되고 또 나중을 생각해서 적게 하고 있다. 3년째 적고 있는데, 아이들이 기록한 글은 센터에 모아두고 있다.

농가살이는 그 자체로 마을살이를 하기에 좋은 프로그램이다. 농가에서 지내면 이웃집들과 자연스럽게 왕래하며 관계를 맺고 마을행사 참여도 쉬워지기 때문이다. 저녁이나 주말에 이웃집에 마실도 가고 놀러 오기도 한다. 그리고 마을도서관에서 하는 마을밥상, 도서관데이나 마을산행, 어린이날 행사, 프리마켓 등 가족단위 행사에 참여한다. 이렇게 지내다 보면 아이들은 유학센터 교사들만 만나는 게 아니고 마을 사람들과 관계를 맺으며 살게 되고 마을 안에서 자라게 된다. 자연스럽게 마을 구성원이 되고, 마을의 일에 참여하고, 마을 사람들과 인사를 나누고 알고 지내며, 마을의 친구들과 어울리고, 좀더 산골스럽게 사는 걸 경험한다. 마을에서 여러 어른들을 만나고, 그들의 살아가는 모습을 보고 배우고, 어울려 지내다 보면 '마을살이'가 주는 의미와 재미를 알아간다.

"이모, 여헌이가 오늘 자기 집에 놀러 오래요, 자고 가도 된대요."

"원준이형네서 6학년들 모여서 고기 구워준대요, 가도 되죠?"

"이모~ 마을밥상은 언제 해요?"

"정우형네 고양이 깜상이 집을 나가서 안 들어온대요."

아이들의 말 속에 마을에 살고 있다는 게 뚝뚝 묻어난다.

요즘 대부분의 가정은 가족 중심으로, 주로 아이는 부모만 부모는 아이만을 서로 바라보며 산다. 우리 유학생들 대부분도 도시에 살 때 마찬가지 상황이었다. 부모 외에 친밀한 관계를 맺고 영향을 받을 데가 별로 없다. 그러다 보니 아이는 부모에게 집착하고 부모는 아이에 집착하게 되면서 육아는 더욱 힘들어진다.

산촌유학 아이들은 유학을 오면 이미 만들어진 마을공동체 안으로 들어오게 되고, 유학센터 교사의 돌봄 외에 마을의 보살핌을 받으며 지내게 된다. 그래서 유학의 시작은 센터를 통해서 하지만, 유학을 하다 보면 교사인 우리도, 부모도, 아이들 자신도 '소호마을'로 유학을 왔다는 걸 알게 된다.

나는 8년째 산촌유학 농가를 해오고 있고 그동안 많은 아이들이 유학을 마치고 떠나갔다. 농가살이는 형식적 교육으로서 앞서 말한 의미와 가치를 지니고 있고, 여기서 다 말하지 못한 더 많은 가치와 효과를 가지고 있다고 생각한다. 산골마을의 가정에서 지내면서 그곳의 생활과 풍습, 역사와 문화를 경험한다. 아이들은 삶을 통해서 배우고 삶을 통해서 배운 것은 몸에 익혀지므로, 바위에 새겨진 조각 그림과도 같이 오랫동안 아이들에게 남아 있을 것이다.

부록 1

일본 산촌유학 운동 40년

야마모토 히데미츠(山本光則) 씀 · 김경옥 옮김
이 글은 일본 산촌유학 운동단체인 소다테루카이
사무국장을 맡고 있는 야마모토 선생이
격월간 『민들레』 80호에 기고한 글이다.
7년 전의 글이지만, 50년째 접어드는 일본의 산촌유학 운동이
걸어온 길을 통해 한국의 농촌유학이 맞닥뜨리게 될 일을
미리 내다보면서 준비할 수 있을 것이다.

산촌유학의 시작과 거품이 꺼지기까지

일본의 산촌유학은 1968년에 시작되었다. 당시 공립학교 교사였던 아오키(靑木, 소다테루카이 이사장)가 37세에 교사직을 그만두고 자연체험교육을 하는 사회교육단체를 설립한 것이 그 출발이다. 도시에서 교사생활을 하던 그는 책상 앞에서 시들어가는 아이들을 보며 자신의 어린 시절을 떠올렸다고 한다. 산으로 둘러싸인 고향은 사시사철 놀잇감이 풍성했고 그 속에서 하루가 어떻게 지나가는지 모르고 함께 놀던 친구들이 있었다. 아이들에게 그런 고향을 만나게 해줘야겠다는 생각을 했다. 산촌에서 살며 공부도 하고 놀기도 하면서 농사도 지어보게 하고 싶었다. 그게 바로 산촌유학이었다.

처음에는 방학과 주말을 활용한 자연체험, 농가체험과 같은 단기활동으로 시작했는데, 짧은 체험으로는 농촌의 절기를 경험하지 못한다는 판단과 "더 오래 있고 싶다"는 아이들의 요청으로, 5년째부터는 지역 학교의 협조를 받아 아이들 아홉 명과 함께 일년 동안 지내는 장기산촌유학을 시작했다. 농촌 공동화 문제와 맞물려 언론에서도 자주 보도하다 보니 이후 25년 동안 전국적으로 200여 군데의 산촌유학 현장이 생겼고 해마다 천 명이 넘는 아이들이 시골로 유학 가기에 이르렀다.

산촌유학을 하는 모습도 다양하다. 지역자치단체가 직접 센터를 만들어 직원을 배치하여 운영하는 곳도 있고, 외부단체와 지역주민이 지자체에서 위탁받아 센터를 운영하고 아이를 받아들이기도 한다. 이 밖에도 지역주민들이 학교와 하나가 되어 하는 곳, 자치단체와 지역주민이 집을 준비해 가족 단위로 맞이하는 곳도 있다. 민간교육단체가 자치단체, 지역주민과 함께 자연체험 시설을 운영하고, 장기과정 산촌유학뿐만 아니라 방학기간과 주말을 활용한 농어촌교류 체험활동을 하고 있는 단체도 있다.

그러나 급격한 확대와 더불어 일종의 부작용도 생겨났다. 교육적 의미는 어디론가 사라지고 그저 학교를 살리는 수단으로, 지역을 살리기 위해 아이들을 모집하는 방편으로 이용하는 곳들도 있었다. 한편 도시의 부모들은 산촌유학을 아이들의 긴급 피난처로 생각하는 경향이 있었다. 이러다 보니 도시는 도시대로 산촌유학이 못 미덥고, 농촌은 농촌대로 시골이 도시 뒷바라지나 하는 곳이냐는 불만이 싹터 산촌유학의 근간이 흔들리게 되었다. 게다가 산간 지역의 인구가 빠져나가면서 예상을 뛰어넘는 빠른 속도로 아이들이 줄어들면서 소규모 학교 통폐합이 가속되었다.

일본의 산촌유학 현장은 자원봉사에 의존해 운영되는 경우가 많았다. 유학생 보호자(부모)에게서는 식비, 소모품비, 시설 냉난 방비 정도만 감당하는 선에서 비용을 받고, 그 이상은 너무 부담이 될까봐 자제하는 편이었다. 지자체에서 운영비 보조를 받을 수 없는 경우 인건비가 나오지 않으니 대부분이 지역주민이나 단체 활동가가 일종의 자원봉사 형식으로 일을 했다. 따라서 열정이나 교육 내용이 지속되기가 힘들고, 활동가들의 심신이 소진되면서 질이 저하되는 악순환을 낳았다.

이런 상황에다 일본 경제의 장기불황이 이어지면서 최근 참가자 모집에 어려움을 겪는 지역이 해마다 늘고 있다. 2000년을 정점으로 35년 동안 산촌유학 학교 수는 350개에서 120개로 대폭 감소하는 추세다. 참가자는 줄고 거기에 따른 비용 부담은 늘어나, 지자체 차원의 운영을 중지하는 곳도 늘어났다. 산촌유학을 둘러싼 환경은 점점 어려워지고 있다. 이러한 상황을 일러 일본에서는 '산촌유학 버블 붕괴'로 보도하고 있기도 하다. 인구가 줄어서 그렇다고 진단하기도 하지만 인구 감소로 초등학생 수가 아무리 많이 줄었다 해도 일본 초등학생 700만 명 중 산촌유학생이 500명에 불과하다면 분명 산촌유학 실천에 문제가 있어 그럴 것이다. 역설적으로 보자면, 거품이 꺼졌는데도 남은 곳은 그만큼 제대로 하고 있었다는 반증일 수도 있다.

소다테루카이 산촌유학의 진화

소다테루카이에서 산촌유학을 시작하고 초기 15년간은 경제적으로도 아주 힘들었다. 누구의 도움도 없이 산속에 시설을 만들고 운영하다 보니 활동가들은 적은 월급으로 희생하는 식이었고, 그래도 일손이 부족해 자원활동가의 힘을 빌곤 했다. 그러다점점 활동이 알려지면서 여기저기서 돈을 댈 테니 부디 와서 운영해달라는 요청이 들어왔고, 지자체에서 운영비를 지원받으면서 활동가들은 비로소 가족을 돌볼 수 있는 직업인으로 일을 할수 있게 되었다. 초기의 방식은 지자체가 하드웨어를 제공하면서재정을 일부 지원하는 역할을 하고, 나머지는 모두 소다테루카이가 알아서 하는 방식이었다. 좋게 말하면 전권을 가지는 거고, 나쁘게 말하면 모든 책임을 다 지는 식이었다. 어떤 아이들이 와도천사처럼 길러내야 했고, 운영에서도 실수가 있으면 안 됐다. 이런 방식은 소다테루카이의 이름을 알리고 운영의 안정성을 확보하는 순기능이 있었지만, 거기에 안주해 의존적으로 흐를 여지가충분히 있었다. 또 소다테루카이는 어쨌든 지역에서 보자면 외부인이니, 제대로 된 지역 활성화나 '마을이 아이들을 키운다'는 교육적 의미를 실현하기에는 적합하지 않은 방식이었다. 소다테루카이 구성원들이 이런 고민을 하기 시작한 게 지금으로부터 십년 전이다.

　머리를 맞대고 논의한 끝에 지자체는 하드웨어와 행정을 맡고, 소다테루카이는 교육을 맡는 구조로 만들어보기로 했다. 소다테루카이가 교육을 책임지지만 활동가는 가능한 그 지역에서 나오도록 했다. 어디까지나 지역이 주도하고 자생력을 갖춰 나가는 방식으로 가야 한다고 생각했다. 지역이 건강해지지 않으면 산촌유학의 지속가능성도 담보하기 힘들다고 판단한 것이다. 시마네현의 오타시, 효고현의 카미가와 마을 같은 곳에서는 그런 성찰 끝에 기획을 하고 실행에 옮겼다. 하드웨어와 행정은 지자체를 포함한 지역이 담당하고 소다테루카이는 오로지 교육에만 신경을 쓰면 되는 방식이었다. 그 결과 활동가들의 행정 부담이 줄고, 나름 신분 보장도 되어 휴일에는 쉴 수도 있게 되었다. 하지만 이 방식도 문제가 있었다.

　먼저, 산촌유학센터에서 일하는 사람들의 출신이 여러 곳이다 보니 입장 차이가 꽤 컸다. 가령 지자체가 운영을 담당하면서 공무원이 파견되어 왔는데, 노조원인 공무원은 자신의 권리(휴가 등)에 민감했고, 교육보다는 노동자로서의 쉴 권리를 더 중요시했다. 그들에게 주말 활동은 귀찮은 과외활동일 뿐이었다. 또 공무원인 자신의 급여는 높아도 활동가에게는 가능한 한 월급을 적게 주려고 했다. 게다가 불편하거나 문제가 있어도 그저 3년만 버티다 다른 곳으로 가면 된다는 생각에 새로운 모험을 하지 않았다. 간혹 열정이 있는 공무원이 담당자로 오기도 했지만 그의 열정은 다른 공무원들의 원성을 샀다. 근무시간을 지키라는 것이다.

예산 운용도 문제였다. 먹거리 구입도 지정된 업자에게만 해야 했다. 시장에 가서 신선한 제철 채소를 사는 편이 싼 값에 더 좋은 채소를 살 수 있는데도 그럴 수 없다. 비가 오니 오늘은 감자부침개를 해먹을까 하고 가게에 가서 감자를 사올 수도 없다는 말이다. 예산 활용의 융통성은 전혀 없다. 간혹 편법을 쓰기는 하지만 힘들다. 아이를 병원에 데려가도 예비비가 부족하면 개인이 메꿔야 하는 경우도 있다. 아이들은 살아 있는 유기체라 예상대로 움직이지 않는데, 예산 실행은 일 년 전에 정한 그대로 집행되어야 했다.

물론 이런 경험들이 걸림돌로만 작용하는 건 아니다. 그러면서 우린 더 나아질 수 있다. 이번에도 뭐가 잘못됐는지를 배웠다. 다시 점검하면서 나온 방향은 다음과 같다. 먼저 지자체 예산은 크게 운영예산과 지도예산으로 나누고 예산의 범위만 확정한다. 또 지자체가 센터장을 파견하지 않고 회계담당 실무자를 파견한다. 나머지 역할은 위탁받은 민간단체가 4명 정도(유학생 20명 기준)로 팀을 구성해 운영 철학과 내용 그리고 방식을 의논하고 결정해가는 구조로 한다. 이런 내용으로 지금 시마네 현에 제안해놓은 상태다. 제안이 받아들여지지 않으면 소다테루카이는 빠지겠다는 강경한 입장이다. 이번 기회가 아니면 나아질 계기를 만들기 힘들다고 보기 때문이다. 말하자면 우리는 더 나은 방향의 산촌유학으로 진화시키기 위해 싸우고 있는 셈이다.

산촌유학의 질을 높이고 신뢰를 얻기 위해서는 공적자금 지원이 필수적이다. 때문에 산촌유학을 추진하는 각 단체가 국가와 지자체를 상대로 재정지원을 요구하고 있다. 일본의 작은 도시와 마을에서 학교와 지역 활성화를 위해 산촌유학에 재정지원을 했지만, 2000년경부터 마을 합병 정책이 본격화되면서 이도 주춤하는 중이다. 합병 이후 규모가 커진 지자체는 산촌유학 시설에 대한 예산지출 대비 효과를 추궁하며 예산지원을 축소하거나 중지했다. 그러나 산촌유학은 단순히 폐교를 막는다거나 마을에 아이들이 더 있었으면 좋겠다는 생각으로 시작된 것이 아니라, 아이를 키우는 새로운 방식, 곧 교육의 패러다임 전환을 전제로 한 것이다. 투입 대비 산출 효과로 따지는 사업이 아님을 운영주체들은 견지하고 있어야 한다. 지원에 휘둘려 원칙을 잃거나 의존적이 되지 않으려면 지역주민과 함께 힘을 모아 힘의 균형점을 만들어가는 게 중요하다.

도쿄도의 이즈 반도는 일곱 개의 섬으로 이루어져 있는데, 그중 도시마라는 작은 마을에 새로운 유학센터를 준비하고 있다. 도시마의 경우 시설과 운영비는 지자체가 마련하고 운영은 소다 테루카이와 지역주민들이 알아서 하는 형태로 추진하고 있다. 운영비를 지원받고 운영은 소다테루카이가 단독으로 했던 이전 방식에서 한 단계 진화한 셈이다. 지역에 수입과 지출을 공개하고,

지역주민이 경영에 직접 참여해 이 활동에 대한 주인의식을 가질 수 있어야 한다는 당연한 생각을 이제서야 한 셈이다. 산촌유학이 얼마나 지역을 살리는 일인지 공감을 불러일으키지 못했던 것이 실수였다. 물론 이전에도 홈스테이 농가도 있었고 물심양면 지원해주는 이들이 있었지만, 그건 공감하는 몇몇 사람과 소다테루카이의 만남이었지 마을 전체와 만났던 건 아니었다. 그러니까 지금까지는 사업을 담당하는 지자체 간부, 어떤 특정한 사람들과의 연계만 있었던 셈이다. 앞으로는 폭넓게 지역과 소통하면서 협력의 그물망을 만들어나가야 한다.

돌이켜보면 지역주민에 대한 배려가 없었다. 센터를 운영하는 데 급급해 지역주민들을 초대하고, 경제적인 결실을 나누는 데도 소홀했다. 그때까지 우리는 산촌유학의 지속가능성이 소다테루카이라는 조직을 지킬 때 담보되는 걸로 착각하고 있었다. 조직을 지키는 데 힘을 집중했고, 그러지 않으면 조직이 사라져 하고 싶은 산촌유학도 못하게 될 거라는 두려움 같은 게 있었다. 지역과 함께한다는 것은 지금까지 우리가 해왔던 방식에 대한 전면적인 반성과 성찰을 전제로 하는 엄중한 선언이다.

'산촌유학은 소다테루카이가 혼자 하는 게 아니라 지역과 함께 하는 것'이라는 발상의 전환 이후, 지역과 제대로 관계 맺기 위해 공을 들이고 있다. 먼저 염두에 두는 것이 시골 사람들이 도시에 일방적으로 퍼주는 식으로 해서는 안 된다는 점이다. 지역주민들에게도 뭔가 도움이 되어야 한다. 가령 산촌유학과 직간접 연결

된 도시 사람들과 농산물 직거래를 한다든지 활동에 대한 보상을 한다든지 하는 식으로, 직접 이익이 되는 일이어야 한다. 소다테 루카이는 40년 가깝게 활동해오면서 만든 신뢰 네트워크가 있어 이를 활용한 도농 직거래라든지 지역경제에 도움이 되는 일을 만들어내는 것은 그리 어려운 일이 아니다. 다만 지금까지는 생각이 거기까지 미치지 못했던 거다. 아직은 꿈일지 모르지만, 산촌유학이 징검다리가 되어 지역의 경제적 안정도 만들어갈 수 있기를 간절히 바란다. 활동가와 지역주민들이 안정적이며 지속적으로 일하는 구조는 그래야 만들어질 수 있다.

지역과 함께 일하는 구조도 고민하고 있다. 지금도 형식적으로는 산촌유학 추진을 위한 '지역주민협의회' 같은 게 있다. 지역주민도 참가해 홈스테이 농가를 연결해주기도 하고, 지역강사로 결합하기도 한다. 하지만 아주 낮은 단계의 논의구조에 불과하다. 초기에 주로 지자체가 추천하는 지역부녀회장, 노인회장, 청년회단장 같은 각종 단체의 장을 다 모아서 만들었다. 특별히 취지에 공감하거나 열의가 있는 게 아니라 지역에서 맡은 역할 때문에 와 있는 터라 임기만 끝나면 산촌유학과의 인연도 끝이었다. 진정한 의미의 협의회 구조는 분명 아니다. 이렇게 함께 일하는 구조를 단순히 조직을 만드는 것으로 접근하기보다 한 사람 한 사람의 생각을 바꾸고 공감대를 넓혀 나가는 방향으로 풀어갈 필요가 있다. 그래서 이 활동은 진짜 우리가 하는 거라는 마음을 지역주민들이 갖도록 해야 한다.

산촌유학을 두고 초기에 문부성은 "아이들을 부모 곁을 떠나게 해서 어쩌려고?" "산촌유학은 문부성의 학교를 파괴하는 일이다"라고 말하며 우리를 만나주지도 않았다. 그들의 주장은 "부모가 있는 곳에서 학교를 다녀라"였다. 산촌유학은 아이들이 자기가 있고 싶은 지역을 직접 선택하는 것이니 문부성 입장에서는 거의 혁명처럼 느껴졌을 것이다. 그러다 13년 전, 일본의 교육제도를 고민하고 연구하는 심의회가 정부 차원에서 만들어져, 이지메나 학교 붕괴 같은 현상을 해소하기 위한 방안이 발표됐다. 내용인즉 '앞으로 일본을 이끌어나갈 사람은 산촌유학을 해야 한다'는 것이다. 문부성 같은 학교주의자가 아닌 많은 사람들은 이미 자연 속에서 살며 배우고 느끼는 것이 얼마나 어마어마한 교육적 결과를 낳는지 알고 있었던 거다.

도시의 폐해는 도시아이들뿐만 아니라 농촌아이들에게도 영향을 미쳐 언제부턴가 시골에서도 바깥에서 뛰어놀거나 부모의 농사일을 돕는 아이를 보기가 힘들어졌다. 몸은 시골에 있지만 삶의 패턴은 텔레비전에 나오는 도시사람들 것을 그대로 따르고 있기 때문이다. 몸과 마음을 만들어가는 과정에 있는 아이들이 자연을 느끼고, 더불어 살아가는 것을 배우며, 함께 일하는 기쁨을 맛보도록 돕는 일의 중요성은 이제 두말할 필요가 없다. 문부성은 이제 우리에게 1~2주 체험활동을 같이 해보자는 제안도 한다. 문부성과 산촌유학이 만나기까지 30년이 걸렸다.

앞으로의 또 한 걸음을 위해

나는 30년 가까이 왜 여기에서 이러고 있을까? 이런 생각을 한다. 유학 와서 산촌에서 지내다 간 이 아이들이 10~30년 뒤 이 지역을 지지해주는 응원단이 될 거라고. 지금 내가 하는 일은 그 응원단을 만드는 일이라고. 모두가 도시로 나가서 농촌은 산도 논밭도 날로 황폐해지고 있다. 유학 다녀간 아이들이 날마다 이곳을 찾기는 어렵겠지만 도시에 살면서 나중에라도 시간이 나거나 여유가 생기면 와서 숲과 강과 밭을 지키는 응원단이 되었으면 좋겠다.

일본 최초의 산촌유학센터가 들어선 나가노현 오마치에서는 이미 응원단의 활약이 펼쳐지고 있다. 산촌유학을 거쳐간 아이들과 부모들이 찾아와 생산성이 낮다고 다들 외면하던 다랭이논을 부활시키는 작업을 진행 중이다. 주말에 와서 1박 2일 머물며 논밭을 일군다. 평소에는 지역 농민들에게 비료값, 관리비를 지불하고 관리를 부탁해놓는다. 수확량은 얼마 되지 않지만 소중한 것을 지켜내고 보호하는 일임을 잘 알아서 그렇게 자기 돈 들여가며 열심이다. 산골은 우리가 지켜야 할 곳이라는 것을 아는, 그런 사람들을 키워내고 싶어 나는 여기서 이렇게 30년을 지키고 있다.

사실 내 안에 있는 이 바람을 자각한 건 5년도 채 안 된다. 열심히 일해서 가족을 먹여 살려야지 했는데, 산촌유학 출신들이 많아지고 그들이 응원단이 되어 지역을 지키는 것을 보면서 내가, 또 소다테루카이가 한 일의 의미를 새삼스레 깨닫게 되었다.

산촌유학은 없어져도 된다. 다만 각자 자기 자리에서 왜 이 일을 하는지를 잊어선 안 된다. 당장 아이들 몇 명 더 모을까에 촉각을 곤두세우면 금세 사라질 수 있다. 본래의 의미와 취지가 살아 있을 때 아이들도 오고 세상도 고개를 끄덕인다. 산촌유학은 그런 점에서 교육활동을 넘어 삶이고, 지역을 넘고 일본을 넘어 지구를 생각하는 실천이다.

아, 봄이다. 오후에 아이들이 학교에서 돌아오면 같이 봄나물 뜯으러 가야겠다. 저녁상엔 냉이 된장국이 오르겠군.

일본 산촌유학 현장을
돌아보고

박경화
환경운동가. 이 글은 2006년에
일본의 산촌유학 현장들을 돌아보고 쓴 글이다.

자립하는 아이

"식사하러 오세요."

아침 일찍부터 차를 타고 달려 늦은 오후에서야 우리를 반가이 맞아주는 오오카센터에 짐을 풀었다. 식당에서 사먹는 밥에 허기가 진 상태여서 저녁 먹으러 내려오라는 말에 두 번 생각할 틈도 없이 식당으로 향했다. 어떤 요리가 나올까? 큰 시설이니 급식소처럼 나올까, 일본 특유의 소박하고 정갈한 음식이 나올까, 배불리 먹을 수는 있을까? 식당으로 들어서려는 순간 멈칫, '여기가 식당 맞나?' 돌아 나와 간판을 살폈다. 다다미가 깔린 너른 공간에는 아이들만 가득했다. 다시 들어와 보니 저녁식사를 차리기 위해 아이들이 분주하게 움직이고 있었다.

어떤 규율이 있는 것처럼 아이들은 재빠르게 움직이고 있었다. 형으로 보이는 아이가 무거운 냄비를 들고 있으면 키 작은 아이가 국을 떠서 개인 그릇에 담았다. 한 아이가 밥상 위에 그릇을 가지런히 놓으면 다른 아이가 뒤따르면서 양상추를 담았다. 아이들은 대개 초등학생이고 중학생 아이들이 몇몇 섞여 있는 정도였다. 손발이 아주 척척 맞아 고도의 훈련을 받은 게 아닐까, 잠깐 가자미눈을 뜨고 바라보았다. 그러나 지금은 고소한 저녁시간, 의혹의 눈길을 보내고 있기엔 배가 너무 고프다. 밥과 된장국, 사람 수만큼 가지런히 놓인 접시에 잘라놓은 자몽과 등꽃 튀김, 시금치 어묵조림에, 생선까지, 침이 꼴깍 넘어간다.

이곳은 일본 나가노시長野市 오오카大岡마을 산촌유학센터. 도시아이들이 부모 곁을 떠나 시골마을로 유학 와 지역 학교를 다니면서 머물도록 만들어진 산촌유학생들의 숙소다. 도쿄를 비롯한 대도시에서 온 초등학생, 중학생들이 1~2년 동안 머문다.

우리는 지금 산촌유학을 알아보러 일본으로 왔다. 우리나라에서 산촌유학을 시작해보려는 이명학 씨와 우성숙 씨, 대안교육연대 정수진 씨, 통역을 도와주는 정현경 씨, 그리고 민들레 식구 셋이 교보교육문화재단 지원으로 일주일 동안 일본의 산촌유학 단체와 센터, 농가와 학교를 방문할 계획으로 왔다. 나가노현은 우리나라 강원도 같은 곳으로, 오오카센터가 있는 오오카마을은 '기타北 알프스'라 부르는 해발 3천 미터가 넘는 산맥이 6월에도 흰 눈을 이고 있는 깊은 산골마을이다. 이 높은 산이 건너다보이는 푸른 언덕에 자리 잡은 오오카센터에는 지도원이라 불리는 교사 네 사람과 아이들 열다섯 명이 머물고 있었다.

식사가 끝나갈 무렵 밥상마다 큰 플라스틱 대접과 고무주걱이 나왔다. 아이들은 자기가 먹은 그릇에 남아 있는 음식과 양념까지 이 주걱으로 싹싹 긁어 플라스틱 그릇에 담았다. 그리고 개수대로 가서 큰 아이, 작은 아이 할 것 없이 직접 설거지를 했다. 먹을 만큼만 음식을 담은 데다 주걱으로 양념찌꺼기까지 모았으니 물로 한 번 헹구면 될 정도로 설거지가 간편했다. 저녁을 먹고 혼자 슬슬 돌아다니다 공동 공부방으로 들어갔다. 아이들의 가방과 책, 학용품 같은 수업교재가 들어 있는 사물함을 사진으로 찍기 위해서였다. 두리번두리번 살피는데 여자아이가 빗자루와 걸레를 들고 들어왔다.

"저녁 맛있었어요?"

나를 보고 활짝 웃더니 책상을 한쪽으로 밀어놓고는 빗자루로 쓸고 부지런히 걸레질을 했다. 미안해서 얼른 나왔다. 복도로 나오니 사내아이가 소파를 한쪽 옆으로 치워놓고서 비질을 하고 있고 여자아이는 손걸레로 바닥을 닦고 있다. 2층으로 올라가니 빨래를 잔뜩 모아 세탁기를 돌리는 아이도 있었다. 가만히 살펴보니 방과 주방, 화장실까지 아이들이 모두 부지런히 청소를 하고 있다. 손님이 와서 그러나, 아니면 일주일에 한 번씩 하는 대청소 날인가. 알고 보니 날마다 이렇게 청소를 한단다. 집에 있는 아이들 같으면 저녁밥을 먹고 쉬거나 가족들에게 어리광을 부릴 시간이 아니던가?

일본 산촌유학의 기본정신은 자립하는 아이다. 도시아이들이 부모의 품을 떠나 시골마을에 머물면서 학교를 다니고, 숙제와 공부는 스스로 한다. 여러 아이들과 어울려 공동체 생활을 하면서 빨래와 청소 같은 일상생활도 제 손으로 해결한다. 센터의 선생님들은 숙제를 하다 막혀서 물으러 오는 아이나 학년에 맞는 학습능력이 떨어지는 아이에게만 공부를 도와주고 있다. 그리고 아이들이 스스로 생활할 수 있는 방법을 지도하는 데 중심을 두고 있다. 우리가 저녁식사로 먹었던 된장국은 아이들이 마을 할머니에게 직접 배워서 만든 된장으로 끓인 것이고, 버섯 역시 직접 키운 것이었다.

센터 건너편에는 아이들이 가꾸는 논밭이 있다. 작은 밭 하나를 빌려서 농사를 짓는다. 농사법 역시 마을 농부가 와서 가르쳐준다. 한 골씩 맡아 콩과 가지, 오이와 토마토같이 자기가 좋아하는 작물을 심는데, 역시 아이들의 솜씨라는 걸 한눈에 눈치 챌 수 있었다. 다른 밭에 비해 작물들의 키가 작고 기운이 없고, 한쪽에서는 시들시들 말라가고 있었다. 저래서야 어디 수확의 기쁨을 맛볼 수 있을까 걱정스러웠다. 아이들이 모내기를 한 논 역시 다른 논에 비해 벼가 어리고 연약해 보였다. 하지만 농사일은 기계 힘을 빌지 않고 전부 손으로 하는데, 농사의 어려움과 먹을거리의 소중함을 배우면서 수확의 기쁨을 맛볼 수 있게 하기 위함이란다. 그 밖에도 어른들의 지혜를 배울 수 있는 시간을 자주 가지면서 마을 공동체와 어울리는 법을 배운다. 그러나 센터가 도시 아이들을 위한 공간만은 아니다. 센터 공부방에는 마을 아이들의 사물함도 마련되어 있는데, 도시아이들이 머무는 동안 단기체험 프로그램이 자주 열린다. 이때 마을아이들도 프로그램에 참여하고 어울리면서 숙식을 함께 한다.

저녁에는 아이들이 강당에 모여 나라 밖 손님인 우리들에게 큰 북 공연을 보여주었다. 옛날 바닷가 마을에서 고기잡이를 떠나는 어부들이 노래하고 춤추던 것을 재현한 것이라고 한다. 큰북소리와 노래하는 모습이 어부의 출어가라기보다는 전쟁터로 나가는 병사들 사기를 높이는 몸짓으로 보여 적잖이 거부감이 일었지만 북을 두드리는 아이들 눈망울과 몸짓은 사뭇 진지하고 힘찼다. 이어진 부채춤과 타악기 합주 역시 취미 수준을 넘어 꽤 오랜 시간 연습을 했을 법한 훌륭한 공연이었다.

오오카센터의 책임자인 아오키 선생님은 처음부터 아이들에게 이 전통공연을 가르치려고 한 것은 아니라고 했다. 센터에서 머무는 아이들 마음을 집중시킬 수 있는 게 뭘까 생각하다가 지역의 전통문화를 배워보자는 결론을 얻었다고. 그래서 선생님들이 먼저 북채 잡는 법부터 익혀나갔다. 때로는 전문강사를 초대하기도 하고, 멀리 연수도 다니며 기량을 닦은 뒤 아이들을 가르쳤다고 한다. 연습시간은 따로 없지만 아이들은 틈만 나면 북치고 노래하느라 여념이 없단다. 게다가 저희들끼리 경쟁심도 생기면서 어떤 아이는 밭에서 일하는 동안 나뭇가지로 돌멩이를 두드려가며 연습에 빠져들기도 했다. 이런 바람은 다른 산촌유학센터로도 번져 센터마다 나름의 기량을 다듬어간다.

이렇게 익힌 솜씨들은 전국의 산촌유학센터 사람들이 다 모이는 11월 축제(일종의 추수감사절) 때 많은 사람들 앞에서 공연하는 것으로 그해 배움을 매듭짓는다고 한다. 11월 축제 때는 아이들의 부모는 물론 산촌유학에 관심을 가진 어른들도 꽤 많이 모이는데 다들 벌린 입을 다물지 못할 정도라고. 어떤 아이들은 이 폼나는 공연을 보고서 산촌유학을 와야겠다 결심하기도 했단다. 지역 전통문화가 점점 사라지고 있는데 센터 아이들이 이렇게나마 전통을 이어가고 있으니 마을 사람들도 무척 반기고 있다.

초등학교 여학생인 쿠미코와 사키코에게 이곳 생활이 어떠냐고 물었더니 배시시 웃으며 이렇게 대답한다.

"엄마 생각도 안 나요. 아주 재밌어요."

바람 잘 날 없는 대가족, 산촌유학 농가

다음 날 우리가 찾은 곳은 산촌유학을 온 아이들이 머물고 있는 야사카八坂마을의 스바 씨 농가였다. 산촌유학 단체가 일본에는 여럿 있지만 그중에서도 소다테루카이 산촌유학의 특징은 이처럼 유학 기간 동안 반드시 농가에서 머물도록 한다는 점이다.

지역에 따라 좀 다르기는 하지만 한 달에 열흘이나 보름은 농가에서 머물면서 농민들의 생활 그대로를 느끼고 배울 수 있도록 한다. 특별한 프로그램이 아니라 일상에서 산촌 문화와 생태감수성이 몸에 배었으면 하는 바람에서 꾸민 장치라 하겠다.

나무와 흙으로 지은 지 50년이나 되었다는 스바 씨 집은 여전히 깔끔하고 튼튼해 보였다. 2층까지 방이 여러 개 있고, 농기구를 넣어두는 창고까지 딸린 꽤 큰 집이었다. 거실 노릇 하는 큰방과 좁은 복도 따라 작은방이 있고, 출구도 따로 있어 대가족이 살아도 서로 독립된 공간을 가질 수 있는 구조였다.

우리는 큰방에 모여앉아 스바 씨 부부와 한참 이야기를 나누었다. 이미 호호 할머니인 스바 씨 부인은 요즘 한창인 죽순과 고사리로 나물을 무쳐 녹차와 함께 먹을 수 있도록 한 그릇 소담스레 내놓았다. 우리네 시골 인심처럼 할머니는 찻잔을 홀깃거리며 연이어 차를 따르고 먹기를 권했다. 올해 여든인 스바 씨와 일흔여덟인 부인은 산촌유학으로 아이들과 생활한 지 35년이나 되었다. 그동안 이 정갈한 집을 거쳐 간 아이들은 무려 180명이나 된다고 한다.

"우리 아이가 중학교 1학년일 때 처음 유학생이 왔는데, 지금은 다 어른이 되었어요. 요즘에는 한참 손주뻘 되는 아이들이 오는데도 우리를 '엄마, 아빠'라고 불러요."

쑥스러운 웃음을 짓는 부부는 35년 전이나 지금이나 아이들을 대하는 비결은 언제나 내 아들딸 대하는 마음으로 만나는 거라고 했다. 지금은 초등학생과 중학생 아이 다섯 명이 머물고 있다. 아이들은 4월에 와서 다음해 3월까지 한 달에 열흘씩 이곳에 머무는데, 각자 개인 방을 따로 주지 않고 큰방에서 서너 명이 어울려 살게 한다. 농사일만 해도 만만찮은데 아이들을 어떻게 돌볼까 궁금했다.

"아이들 스스로 이부자리를 정리하고, 빨래와 청소도 제 손으로 하게 해요. 바쁜 농사철에는 아이들이 우리를 돕죠. 그냥 한 식구처럼 지내는 거예요. 해 떨어지고도 일이 마무리가 안 되면 오늘은 밥을 좀 늦게 먹자고 하면 되구요. 기숙사처럼 정해진 시간에 뭘 해야 하는 건 없어요. 그냥 평소와 다름없이 살아요. 아이들이 있다고 해서 특별히 배려하는 일은 없어요."

스바 씨네는 지금은 많이 줄였지만 이전에는 무 재배를 많이 했다고 한다. 제때 시장에 내보내려면 일손이 부족하니 유학 온 아이들도 훌륭한 일꾼 몫을 했다고 한다. 대부분은 열심히 하고 재밌어하지만 농사를 싫어하는 아이도 있었다. 도시에서 내려와 갑자기 환경이 바뀌면 적응시간이 필요하기 때문에 그럴 때 부부는 억지로 시키지 않고 아이들이 조금씩 적응해서 스스로 결정할 때까지 기다리는 방법을 택한다.

스바 씨 댁에서 멀지 않은 곳에 일본에서 가장 먼저 산촌유학을 시작했던 야사카센터가 있다. 스바 씨 집에서 머무는 아이들도 바로 야사카센터 아이들이다. 센터와 홈스테이 농가는 자주 소통하며 아이들을 돌본다. 농가에 아이들이 머무는 동안 결혼식이나 장례식처럼 부부가 같이 외출해야 할 일이 생기면 아이들은 잠시 센터에 맡기면 된다. 또 농가 차원에서 해결하기 곤란한 일이 아이들에게 생기면 센터 선생님들의 도움도 받는다. 센터와 농가는 이렇게 긴밀하게 서로 돕는 관계를 유지하고 있다. 1~2년 줄곧 아이들과 함께 있으면 지칠 수도 있겠지만 그렇게 간격을 두고 센터와 농가를 오가는 까닭에 센터 활동가나 농가 어른들 모두 오랫동안 이 일을 할 수 있다고 입을 모았다. 아이들이 산촌유학을 와 있는 동안 도시에 있는 부모들도 가끔 이곳을 찾는다. 봄 연휴 때, 야사카센터 행사나 아이가 다니는 학교 참관일에도 온다. 이럴 때 농가 부모와 도시 부모가 만나 서로 아이에 대한 정보교환을 하기도 한다.

아주 드물게 학교 앞 구멍가게에서 과자를 슬쩍하기도 하고 다른 농가에 가서 말썽 피우는 녀석들도 있었다. 그럴 때면 스바 씨는 자식에게 하듯 호되게 야단을 친단다. 한번은 너무 속상해서 사내아이의 머리를 쥐어박았는데, 그 아이가 자라 다시 찾아왔을 때 꿀밤을 먹었던 추억을 이야기하면서 함께 웃기도 했다.

그렇다면 아이들을 받는 게 농가엔 어떤 도움이 될까? 농사를 짓는 스바 씨네는 가을까지는 이렇다 할 수입이 없는데 홈스테이 비를 받으니 살림살이에 꽤 도움이 된다고 했다. 큰 돈은 아니지만 달마다 현금이 들어오기 때문이다. 그런데 돈보다 더 큰 도움을 주는 게 있다. 바로 아이들이 주는 생기다. 하루가 다르게 쑥쑥 자라나는 아이들을 맡아 기르면서 스바 씨 부부가 얻는 기쁨은 돈보다 훨씬 큰 선물이었다. 실제 스바 씨 부부는 여든이라는 나이가 믿기지 않을 만큼 건강하고 정정해 보였다.

따뜻하던 차가 어느덧 식어가고 질문과 답이 무르익는 가운데 아이들의 용돈에 대해 여쭈었다. 도시의 소비생활에 익숙한 아이들이 시골에서는 어떻게 지낼까? 그런데 놀랍게도 용돈을 주지 않는다고 했다. 이는 소다테루카이의 원칙이라고 했다. 학용품 사는 돈이나 병원비 같은 비용은 부모들이 보내준 참가비에서 쓰고, 돈이 많이 든 경우에만 나중에 결산하는 방식을 택한다. 농가에서는 때때로 간식을 챙겨주고 산골마을에는 가게도 드물어 아이들이 돈 쓸 일이 거의 없단다. 애초에 이곳으로 오면서 아이들은 돈을 안 쓰는 곳이라고 마음먹고 오는 경우가 대부분이고, 도시의 집에 다녀왔다가 용돈을 받아서 오는 아이라도 가게에서 물건을 사면 좁은 동네에 금방 소문이 나기 때문에 함부로 돈을 쓸 수도 없다고.

아이들이 제 할 일을 스스로 한다 해도 일거리가 늘어나지는 않을까? 초등학교 저학년 아이는 보호자의 손길이 많이 필요하다. 빨래와 청소를 아이들이 스스로 하지만 이불 속에서 벗어놓은 옷이 나오기도 한다. 더러운 양말을 신고 다니거나 우산을 잊고 학교 가면 책임이 느껴져 자꾸 챙겨주게 된다. 그러나 힘들다고 생각한 적은 없다고 스바 씨 부부는 말한다.

"4월에 아이들이 오면 우리도, 아이들도 서로 적응하는 시간이 필요해요. 그래서 여름방학까지는 서로 호흡을 맞추고 배우는 시간이라고 생각해요. 천천히 적응할 때까지 기다려주지요."

도시로 돌아간 아이들이 자라서 애인이나 배우자를 데리고 인사 오면 스바 씨 부부는 친부모 못지않게 뿌듯함을 느낀다. 고마운 분들에게 여름 안부를 묻는 카드와 겨울 연하장을 보내드리는 일본 풍습이 있는데, 이때 받은 사람은 꼭 답장을 써야 한다. 그런데 산촌유학 왔던 그 많은 아이들이 해마다 연하장을 보내오니 부부가 함께 답장 쓰기도 만만치 않단다. 많은 아이들을 따뜻하게 품어준 노부부의 활짝 웃는 얼굴에서 자상함과 푸근함, 그리고 삶의 지혜가 우러났다. 아이들은 자라면서 부모를 닮아가고, 부모는 자라나는 아이를 보면서 어른이 되어간다고 했던가? 숨막히는 도시에서 살던 아이들이 스바 씨 부부 곁에 머물면서 자신의 미래를 따스하고 포근하게 그리는 시간을 갖지 않았을까 싶다. 그런 아이들의 눈망울을 보면서 스바 씨 부부 역시 35년 동안 바람 잘 날 없는 대가족을 길러낸 것이 아닐까.

산촌유학, 어떻게 떠나는 것일까?

산촌유학은 어떻게 시작된 것일까? 지금부터 34년 전, 나가노현이 고향인 아오키 씨는 학교 선생님이었다. 그가 서른다섯 살 되던 해, 입시전쟁터 학교에는 더 이상 교육이 없다는 생각으로

학교를 그만두었다. 그리고 진짜 교육은 뭘까 고민하다 아이들과 자연이 만나면 여러 가지가 해결되겠다는 생각을 품고 자연체험활동 중심으로 배우고 익히는 '소다테루카이育る會'라는 단체를 만들었다. 초기엔 돈이 없어 실무자들 모두 자원 활동으로 일했고, 심지어 도쿄에서 중고차를 사서 수리한 뒤 시골에 되팔아 자료집과 홍보물을 만들기도 했고, 가끔 여는 행사 수익금으로 겨우겨우 운영할 정도였다. 인건비는 생각조차 할 수 없던 시절이었다. 집안 살림살이는 교사였던 부인의 월급으로 생활해야 했다. 그렇게 고생스런 몇 해가 지나 소다테루카이의 여름캠프가 신문에 실리면서 갑자기 인기를 얻기 시작했다. 이때는 따로 캠프시설을 두지 않고 지역 농가를 빌려 아이들을 머물게 했다.

산촌유학을 희망하는 아이들이 늘어나면서 농가에서만 머물기보다 공동체 생활을 경험할 기회와 공간이 있었으면 하는 바람으로 야사카 마을에 최초의 산촌유학센터인 야사카센터를 만들었다. 아직은 지역 공무원도, 학교도 고개를 갸우뚱거리며 의심 반 호기심 반으로 산촌유학하는 이들을 대할 때였다. 하지만 아이들의 소리가 사라졌던 산골에 한꺼번에 스무 명이 넘는 아이들이 들어오고, 그들의 부모형제가 마을에 드나들기 시작했다. 사람이 빠져나간 산골에 사람을 불러들이는 산촌유학은 지역 살리기 아이템으로 주목을 끌었다. 학교도 마찬가지였다. 아이들 정원이 늘면서 예산지원도 늘고 교사도 더 충원되었다. 이런 소문이 전국으로 퍼져 여러 지자체들이 산촌유학을 유치하려 들었다.

센터도 지어주고 운영에 필요한 재정지원을 하겠다는 곳도 생겨났다. 그런 바람을 타고 만들어진 곳이 야사카센터 옆 마을의 오오카센터였다.

우리가 첫날 머물렀던 오오카센터는 오오카 마을 재정으로 건물도 세우고 운영비도 보조해주고 있다. 부모들에게 한 달 참가비로 초등학생은 6만9천 엔(약 62만 원)을 받고, 중학생은 7만2천 엔(약 65만 원)을 받아 센터 재정의 절반쯤을 충당하고 있다. 부모들에게는 적지 않은 돈이지만 큰 건물을 유지하고 교사들 월급 주고, 각종 프로그램을 열다 보면 언제나 적자인데, 그 부족한 부분을 지자체가 채워주고 있는 것이다. 산촌유학을 기획하고 실천하는 소다테루카이에서 일하는 사람들은 공적지원을 받는 것이 아주 당연하다고 생각하고 있었다. 새로운 시대를 열어갈 아이들에게 제대로 된 교육을 시키는 것만큼 공적인 투자가 어디 있냐는 게 그들의 논리다.

오오카센터에 이어 전국에서 다양한 산촌유학센터가 세워졌는데, 그 바람도 요즘에는 한결 수그러들었다. 1990년대 이후 일본 사회에 긴 불경기가 계속되면서 중앙정부의 돈 씀씀이가 엄격해지자 산촌유학센터가 있는 지역에서도 볼멘소리가 나오기 시작했다. "도시에서 온 아이들을 위해 왜 우리가 돈을 써야 하나?" "도시아이들에게만 혜택을 주는 것 아니냐?"

소다테루카이에서는 이 점을 새겨듣고 새로운 방향을 모색한 끝에 도시에서 온 유학생들을 위한 센터가 아니라 '지역의 생태

교육, 생활교육장'으로서 성격을 새롭게 잡아가고 있다. 시골에
살지만 오히려 놀 친구도 없고 이야기 나눌 상대가 없어 하루 종
일 집안에서 컴퓨터 게임에 빠져 있는 시골아이들에게 자연을 느
끼도록 도와주는 역할도 한다. 또 어른들과 아이들이 모두 모여
문화공연도 펼치고 놀기도 하는 사랑방 노릇도 하고 있다.

산촌유학을 오는 아이들의 80퍼센트는 산촌유학센터에서 여
는 설명회나 단기 캠프를 경험하고 나서 결정했다고 한다. 산촌
유학의 취지나 방향, 내용에 부모가 공감하고, 무엇보다 산촌유
학에 관심이 있고 참여하고 싶은 마음이 큰 아이들이 왔다는 걸
드러낸다. 대학진학을 위한 공부보다는 더불어 사는 삶을 선택하
는 부모들이 대부분이다. 시골에서 돌아와 공부를 따라가지 못하
는 건 아닐까 걱정하는 이에게 산촌유학은 적절하지 않다고 일러
주기도 한다. 아이도 행복하고, 부모도 만족스러우려면 산촌유학
이 무엇인지, 그 센터는 어떤 특징을 갖고 있는지 정확하게 이해
하는 일이 무척 중요하다. 간혹 집에서 데리고 있기 곤란하거나
뭔가 문제가 있는 아이들이 오기도 하지만, 이런 아이들 수는 20
퍼센트를 넘지 않도록 한다. 중심이 흔들릴 수 있기 때문이다. 안
전에도 신경을 쓰고 있다. 혹시나 사고가 생길 수도 있으니 이를
대비해서 보험회사와 이야기해 산촌유학협회보험도 만들었다.
보험료는 한 아이당 일 년에 1만5천~2만 엔(약 13만~18만 원)
정도를 낸다.

산촌유학 주관단체는 소다테루카이 말고도 여럿 있다. 따라서 그 유형도 다양하다. 센터 중심으로 운영되는 곳도 있고, 농가 중심으로 유학생을 받기도 한다. 방과후 프로그램을 활발히 운영하는 곳이 있는가 하면 시골학교에 다니는 도시아이들을 위한 하숙집으로 그치는 곳도 있다. 센터 없이 농가 중심으로 이루어지는 경우에는 지속성이 떨어진다고 한다. 단독 농가의 경우 아이들을 보살피는 어른들이 여행은 물론 외출도 쉽지 않기 때문이다. 그러다 보니 5~6년 뒤에는 다들 지쳐 산촌유학을 그만두는 일이 흔하다. 그래서 소다테루카이는 센터가 중심이 되고 농가와 소통하며 산촌유학을 운영하는 방법을 택하고 있다.

아이가 도시로 돌아가게 될 때는 유학 전과 후에 어떤 차이가 있는지, 아이가 성장한 부분을 부모에게 알려주고, 유학생활에서 배운 것을 일상에서도 계속 이어갈 수 있는 방법도 알려준다. 일년을 채우지 않고 도중에 그만두는 아이도 간혹 있지만, 6퍼센트를 넘지 않는다. 정말 오고 싶어 하는 아이들이 오기 때문이고, 시골에서 그냥 노는 게 아니라 농사일도 해야 하고 고생도 많다는 이야기를 사전에 충분히 하기 때문이다.

산촌유학이 남긴 것

산촌유학은 도시에서 온 아이들뿐 아니라 마을사람들에게도 영향을 미쳤다. 높은 산으로 둘러싸여 있고 버스도 자주 다니질 않아 산촌은 그저 불편한 곳이라고 생각했는데, 도시사람들이 와서는 숲도 좋고 공기도 맑고 밥도 맛있다고 감탄하니 지역사람들은 자기가 사는 곳을 다시 돌아보고 그 가치를 새롭게 깨닫게 되었다. 시골마을에 아이들이 늘어나니 생기가 넘치고, 시골학교에도 전학 온 아이들이 늘면서 활기가 넘치게 되었다. 부모들이 아이들을 만나러 올 때 차에 기름도 넣고 지역 식당에서 음식을 사먹기도 하면서 작은 마을의 경제를 활성화시키는 데도 한몫했다. 또, 유학 왔던 아이가 마음의 고향으로 여기며 때때로 다시 마을을 찾고, 더 자라서는 가족을 데리고 오기도 한다. 또 자기가 지냈던 마을과 사람들을 잊지 않고 직접 쌀이나 채소들을 주문해서 사가기도 한다. 지역경제 활성화에 도움을 주고 있는 셈이다. 유학 기간은 1~2년이지만 10~20년을 넘어 인연이 계속되니 이것이야말로 '도농교류 운동'이자 '도농교류 학습'이라 하겠다.

일본 역시 풍경이 아름다운 곳에서 펼쳐지는 자연체험이나 단기 캠프, 수련 시설이 많다. 이런 가운데 소다테루카이가 다른 곳들과 어떤 차별성을 갖는지, 30년 동안 소다테루카이에서 산촌 유학을 이끌고 있는 야마모토 씨는 이렇게 말했다.

"산촌유학은 그저 도시아이들이 시골에서 생활하고, 작은 학교 살리는 차원으로 머물지 않습니다. 오히려 외톨이로 지내는 시골아이들에게 도시친구를 만나게 해주고 형제를 만들어주고, 자기가 사는 마을을 돌아보며 애정과 자부심을 가지도록 합니다.

도시아이들에게는 고향을 만들어주고, 진정 소중한 것이 무엇인지 돌아보는 시간을 갖게 합니다. 이렇게 시골이든 도시든 아이들이 서로 어우러져 살고, 생태감수성을 키울 수 있도록 돕는 것이 산촌유학이고, 소다테루카이가 하고자 하는 일입니다. 또 아이들에게만 머물지 않고 아이들과 이어진 이 나라 사람들 모두에게 생태감수성을 키워주는 것이 우리의 일입니다. 치열한 입시경쟁은 뒤로한 채 시골로 유학 오는 것이 한참 돌아서 가는 듯 보이지만 길게 보면 인생을 제대로 사는 것입니다."

'산촌유학'을 만나러 함께 일본으로 떠났던 우리의 고민은 깊어만 갔다. 농가 구조의 차이도 무시 못할 문제인 듯했다. 일본의 농가는 도시 주택과 별 다르지 않을 만치 정갈하고 규모도 더 큰 편이었다. 아이들이 지내기에 서로 불편하지 않을 정도로. 아이들이 시골에서 머물 수 있는 시설만 필요한 것이 아니라 교육에 대한 고민과 철학이 있는 어른이 절실히 필요하고, 아이들과 어울려 공동체로 살 수 있는 가족들이 필요했다. 그리고 도시아이들과 지역아이들은 어떤 관계를 맺어야 하는지, 학교 선생님과 산촌유학 이야기를 어떻게 나눌 것인지, 마을은 도시아이들을 어떻게 품어줄 수 있을지 고민이 차곡차곡 쌓여갔다.

부록 2

농촌유학 현장을 소개합니다

가평민들레교육협동조합농촌유학센터
대리마을농촌유학센터
도령서당명덕재산골유학센터
만선당농촌유학센터
밀머리농촌유학센터
별빛산골교육센터
사재산산촌유학센터
산위의마을산촌유학센터
소호산촌유학센터
시골살이아이들농촌유학센터
양구배꼽산촌유학센터
어멍아방농촌유학센터
열린마을농촌유학센터
옴냇골산촌유학센터
울스약창조학교
부론자연학교
정읍농촌유학협의회
지리산마음살림농촌유학센터
참살이농촌유학센터
청량산풍경원산촌유학센터
한드미농촌유학센터
희망숲산촌유학센터

(가나다 순)

가평민들레교육협동조합농촌유학센터

화악산과 명지산 그리고 가평천으로 둘러싸인 아름답고 깨끗한 마을에 자리 잡고 있다. 서울에서 차로 한 시간 30분 걸리는 거리에 위치하고 있어 접근성이 좋다. 유학생들이 다니는 학교가 센터 바로 앞에 있어서 아이들이 학교와 센터를 안전하게 오갈 수 있다. 청소년지도사, 상담사 등의 자격을 갖춘 경험 많은 교사들이 아이들과 함께 생활한다.

교육 영역	교육 프로그램
자립	청소, 세탁, 정리정돈, 간단한 요리, 설거지
신체 성장	테니스, 탁구 등 스포츠 활동, 월 1회 아름다운 주변 길 10km 걷기
정서 성장	주민 자치 프로그램 난타 참여, 우드버닝, 주 3회 감사한 일 찾기
지적 성장	목공 수업, 주 1회 도서관 방문 독서록 작성, 텃밭 가꾸기
자연 친화	등산, 매일 한 시간 산책, 여름철 물놀이, 겨울철 썰매 및 얼음 낚시
공동체	월 2회 다모임, 마을노인회와 무궁화마을 만들기, 무학년 기숙 생활

대리마을농촌유학센터

대리초등학교 교사들이 주축이 되어 만든 농촌유학센터로, 인근 관촌중학교와 연계해 방과 후 및 주말 프로그램, 돌봄 교실 등을 운영하고 있다. 세 명의 상주 교사들이 아이들과 함께 센터에서 생활하며, 텃밭 가꾸기, 닭장 짓기, 평상 만들기, 모내기, 역사 현장 답사, 좋은 책 읽기 프로그램, 임실 지역 명물인 치즈를 이용한 제과제빵 교실, 아토피 치료에 좋은 편백나무 체험 등을 주중, 주말에 걸쳐 운영한다.

교육 영역	교육 프로그램
자립	제과제빵, 목공, 놀이 프로그램
신체 성장	산행, 아토피 치료, 스포츠 프로그램
정서 성장	역사 현장 답사, 텃밭 가꾸기, 좋은 책 읽기 프로그램
지적 성장	풍물, 별자리 관찰, 동식물 관찰, 원예, 자기 주도 학습
자연 친화	세시풍속, 절기교육, 생태학습, 환경교육, 계절음식 만들기
공동체	경로잔치, 운동회, 가족 캠프, 한마음 축제

도령서당명덕재산촌유학센터

사람과 사람 사이에서 맑은 심성과 바른 생각을 통해 스스로 행복을 느끼고, 그 행복을 다른 사람들과 나누는 아이들로 자랄 수 있도록 인성교육과 서당식 한문교육을 하는 배움의 공동체. 지역 주민들과 삶을 나누는 교육, 한국의 전통문화를 경험하고 그 소중함을 아는 교육, 그 외 각종 생활교육을 통해 사람과 사람이 어우러지는 공동체로 살아가고 있다.

교육 영역	교육 프로그램
자립	기본 생활 익히기, 텃밭 가꾸기, 계절음식 만들어 먹기
신체 성장	전통 놀이(공기, 제기, 자치기, 사방치기 등), 산행
정서 성장	원예교육, 미술교육, 동물 기르기, 일기 쓰기, 도서관 이용(책 읽기)
지적 성장	훈장님과 함께하는 한문 · 인성 · 예절교육, 봉사 활동
자연 친화	산 · 들 · 계곡 탐색, 동식물 관찰, 사계절 느끼기, 별자리 관찰
공동체	지역 아리랑, 풍물 배우기, 마을 어르신들과 함께 효교육

만선당농촌유학센터

가족적인 분위기 속에 두 개의 농가와 센터가 있는 복합형 농촌유학을 하고 있다. 휴대폰은 도시 집에 나들이 갈 때와 체험학습을 할 때만 사용하고, 텔레비전이나 기타 미디어 사용이 없어 독서와 교육 프로그램에 전념할 수 있다. 스스로 계획하고 기록하는 국제청소년성취포상제, 자기도전제를 실시하여 성장에 도움을 주고 있다. 중학생, 남자 위주로 선발하며 여학생의 경우 면담을 통해 선발한다.

교육 영역	교육 프로그램
자립	음식 만들어 먹기, 국제청소년성취포상제
신체 성장	신나는 탁구, 어르신과 함께 포켓볼 치기
정서 성장	행복을 그리는 민화 수업
지적 성장	통기타 배우기, 스스로 학습
자연 친화	산나물 뜯기, 농사 체험
공동체	다문화가정의 아이들과 밴드 활동

밀머리농촌유학센터

경기도 여주시의 한적하고 여유로운 농촌인 밀머리 마을에 위치해 있다. 폐교인 점동초등학교 당현분교장을 리모델링하여 유학센터 학습 공간으로 사용하며, 초등학교 3~6학년 유학생 50여 명이 두 개의 센터에 나뉘어 거주한다. 오감을 통해 농촌의 삶을 체험하는 것이 모든 교육 프로그램의 바탕으로, 그와 관련된 다양한 방과 후 프로그램을 진행한다.

교육 영역	교육 프로그램
자립	텃밭 놀이, 목공, 요리수업
신체 성장	전래 놀이, 방송 댄스(지역 학교 연계)
정서 성장	인성교육, 성교육, 도예수업, 악기수업(지역 학교 연계)
지적 성장	절기교육, 창의과학수업(지역 학교 연계)
자연 친화	텃밭 놀이, 생태교육
공동체	마을 지도 만들기

별빛산골교육센터

기본적인 생활은 마을의 농가나 기숙사에서 하고, 방과 후나 주말, 방학 중에는 마을 아이들과 함께 센터에서 각종 체험 활동을 한다. 특히 〈별빛산골교육센터〉에는 꽤 큰 꼬마목공실이 있어서 유학생들이 1년 내내 천천히 목공을 배워나간다. 나무를 깎고 다듬고 자신에게 필요한 물건을 스스로 만드는 과정을 통해 큰 성취감을 느끼고 있다. '내 아이 남의 아이'가 아니라 '모두 우리 아이들'로 키우자는 교육철학을 갖고 있다.

교육 영역	교육 프로그램
자립	스스로 생활교육(방 정리, 옷 정리, 배식 당번 등)
신체 성장	동아리 활동(댄스, 놀이, 스포츠 등)
정서 성장	심리 집단 연극, 집단 상담 치유 프로그램
지적 성장	목공, 사진, 문화 체험 등
자연 친화	등산, 텃밭 가꾸기, 물놀이, 농사일 돕기, 나들이
공동체	온마을학교, 마을 지도 그리기, 자치 회의, 그룹별 문득여행, 기숙 생활

부론자연학교

마음교육을 중요하게 여긴다. 아이들은 마음교육을 통해 자발성을 기르고 생활 속에서 균형을 잡아간다. 특별 교육 프로그램으로는 전통 요가가 있으며 건강을 관리하고 집중력을 훈련한다. 축농증, 비염, 알레르기성 질환 등을 치료하기 위해 신체 기관을 활성화하고 자세를 교정하는 요가 동작들을 가르치고 있다. 이를 통해 아이들이 건강한 몸과 정신을 가질 수 있도록 애쓰고 있다.

교육 영역	교육 프로그램
자립	기본 생활교육(방 정리, 옷 정리, 청소, 빨래, 식사 도우미, 용돈 관리, 생활 계획 세우기 등), 요리수업, 목공수업
신체 성장	요가 동작 및 호흡, 남한강 자전거 타기, 산책, 축구, 농구, 족구
정서 성장	T-yoga, 마음교육, 1분 명상, 고전 읽기, 개인 및 집단 상담, 일기 쓰기
지적 성장	프로젝트 수업, 코딩, 생활영어, 역사/문화 체험, 집중력 훈련
자연 친화	텃밭 가꾸기, 산책길 관리, 계곡 물놀이, 생태 숲길 조성, 채집 활동
공동체	공동 생활 공간 관리, 마을 일손 돕기, 자치 회의

사재산산촌유학센터

네 가지 보물이 있다는 횡성의 사재산 마을에 위치한 산촌유학센터. 이곳의 아이들은 텃밭을 가꾸고, 숲에서 놀며, 악기 연주와 밴드 활동을 통해 음악적인 감수성을 키우고, 읽기와 쓰기도 소홀히 하지 않는다. 자연이 주는 혜택을 마음껏 누리며, 공동체 생활을 통해 인성을 배우고 있다. 아이가 자신의 장점과 특성을 알고 그에 몰입할 수 있도록 돕는 것을 중요하게 생각한다.

교육 영역	교육 프로그램
자립	노작교육
신체 성장	태권도, 골프, 숲 체험, 트래킹
정서 성장	국궁, 밴드, 감정 코칭
지적 성장	독서, 컴퓨터
자연 친화	자연 놀이, 숲 놀이
공동체	농촌 체험

산위의마을산촌유학센터

카톨릭 신앙공동체 〈산위의마을〉에서 운영하며, 소백산 자락 해발 5백 미터에 자리 잡고 있다. 산 위의 마을이라는 이름이 잘 어울리는 곳이다. 보발리 마을 입구에 있는 보발분교(가곡초등학교)는 현재 유학센터 아이들 다섯 명이 전교생일 정도로 작은 학교. 도시아이들이 시골의 아름답고 깨끗한 자연과 작은 학교, 마을의 돌봄 속에서 건강하게 성장할 수 있도록 노력하고 있다.

교육 영역	교육 프로그램
자립	청소, 설거지 등 생활교육
신체 성장	체조, 걷기, 자전거 타기, 배드민턴
정서 성장	목공수업, 제빵수업
지적 성장	성경 읽기, 독서
자연 친화	텃밭 활동, 가축 돌보기
공동체	밴드, 여행

소호산촌유학센터

아름다운 숲과 계곡으로 둘러싸인 해발 5백 미터 산골에 자리하고 있어 다양한 숲 활동과 마을 활동을 할 수 있다. 유학센터와 지역아동센터, 그리고 학교와 학부모가 함께 마을교육공동체를 꾸려 방과 후 수업으로 '마을학교, 소호숲학교' 등을 진행하고 있다. 유학 온 도시아이들을 통해 마을이 되살아났고, 그런 마을에서 아이들이 건강하게 성장하고 있다.

교육 영역	교육 프로그램
자립	기본 생활 습관 익히기, 스스로 밥상, 스스로 여행
신체 성장	운동장 놀이, 자전거, 내맘대로 놀이터, 물놀이, 연날리기, 눈썰매
정서 성장	동자테라피, 불놀이, 밤·감자·고구마 구워 먹기, 도서관 데이, 아나바다 장터, 우드카빙, 악기 연주, 명상 캠프, 마을 이모와 그림책 읽기
지적 성장	공연 관람, 책 읽기, 묵학, 캠프 스텝 활동, 영상 제작
자연 친화	등산, 산책, 계곡 세수, 물놀이, 텃밭 농사, 숲 놀이
공동체	달모임, 우리끼리 달캠프, 인디안밤, 마을학교, 소호숲학교, 산골락교

시골살이아이들농촌유학센터

2007년에 시작해서 지금까지 10년 이상 농촌유학을 이어오고 있다. 아이들을 자연 속에서 맘껏 뛰놀게 하여 몸과 마음을 건강하게 하고 시골살이의 단순함과 소박함을 통해 진정한 행복을 찾고 느낄 수 있도록 도와준다. 스스로 하는 힘을 길러 모든 일에 자신감을 갖고 생활할 수 있게 하며 삶의 지혜를 몸소 깨닫도록 안내한다. 최고의 교육은 일상의 삶이라는 철학을 생활 속에서 구현하고자 노력하고 있다.

교육 영역	교육 프로그램
자립	스스로 공부하기, 방 청소 및 정리하기, 제철요리하기
신체 성장	아침·밤 산책, 산에 오르기, 물놀이 및 모래놀이, 전통 놀이, 자연 놀이
정서 성장	마음 닦기, 일기 쓰기, 우리 가락 배우기, 놀이 연극, 목공, 동물 키우기
지적 성장	붓글씨 배우기, 책 읽기, 문화유적 탐방, 겨레말 알기, 도서관 나들이
자연 친화	농사, 절기별 음식 만들기, 황토집 짓기, 저절로 나는 먹을거리 구하기
공동체	농촌유학 선배와 후배의 만남, 지역 탐방 및 행사 참여

양구배꼽산촌유학센터

지자체와 긴밀히 협력하여 운영되고 있어 깨끗한 시설과 좋은 교육 프로그램들을 갖추고 있다. 양구군에서는 인건비와 운영비를 지원하고, 아이들이 다니는 원당초등학교는 '희망 만들기 시범학교'로 유학센터와 협약을 맺어 교육과정을 연계하고 있다. 또한 아이들은 지역의 문화센터에서 운영하는 오케스트라의 일원으로 참여하여 악기를 배우는 등 다양한 도움을 받고 있다.

교육 영역	교육 프로그램
자립	밥상 도우미, 지역 탐방(기자단), 토론회, 생각여행, 청소
신체 성장	아침 운동, 산행, 자전거 타기, 계곡 물놀이, 스포츠 활동
정서 성장	스토리 요리(나눔 봉사), 목공, 오카리나, 오케스트라, 심리 상담
지적 성장	책 낭독, 산골살이 일기 쓰기, 영어 단어장 만들기, 맞춤형 학습
자연 친화	숲/자연 체험, 농사 체험
공동체	농촌 체험, 문화 활동, 나눔 캠프

어멍아방농촌유학센터

제주도에 위치하고 있으며, 지역의 지리적, 문화적 특징을 담은 교육 프로그램들을 운영하고 있다. 향토 음식을 알고 직접 만들어 먹는 수업과 제주의 역사를 현장에서 공부하고 느끼는 수업 등을 진행한다. 특히 지자체와 함께하는 '토종씨앗 지킴이' 활동을 4년째 이어오고 있다. 교사들은 아이들이 자연 속에서 뛰어놀고 스스로 놀이를 구상하는 것을 중요하게 생각하고, 그러한 분위기를 만들기 위해 애쓰고 있다.

교육 영역	교육 프로그램
자립	아나바다 장터, 농산물 장터
신체 성장	전래 놀이, 목공, 승마, 수영
정서 성장	음악 활동, 에코백 만들기(미래 탐색, 마음 들여다보기)
지적 성장	제주 탐색, 아나바다 장터, 전통 체험(집줄 놓기, 향토 음식 만들기)
자연 친화	토종씨앗 지킴이, 우영팟 농사
공동체	다같이돌자 동네한바퀴, 어르신께 게이트볼 배우기, 숲속 아지트 만들기

열린마을농촌유학센터

마을 할아버지, 할머니들이 아이들에게 예절 및 인성을 가르치고, 청소년 상담을 전공한 센터의 시골 엄마, 시골 아빠들이 상담과 생활 지도를 맡고 있다. 많은 사람들이 함께 살아가는 대가족형 농촌유학센터. 교육은 아이들이 자연을 즐기게 하는 데서 시작한다. 스스로 '행복 디자이너'가 되는 것을 목표로 하며, '1일 1감사'를 통해 오늘의 행복을 누리고 내일의 행복을 꿈꾸는 곳이다.

교육 영역	교육 프로그램
자립	유학생 자체 프로그램(회의), 유학생 기획 발표회
신체 성장	건강 관리(한방, 치과 정기 진료), 식생활교육, 전래 놀이
정서 성장	사물놀이, 우쿨렐레, 기타(guitar), 상담, 1일 1감사
지적 성장	자기주도학습, 다이어리교육(자서전 쓰기), 역사수업, 성교육
자연 친화	농사교육, 사계절 숲 체험
공동체	지역 탐방, 주말 학교

옴냇골산촌유학센터

전남 강진의 옴천초등학교 바로 앞에 위치하고 있다. 산촌유학의 활성화를 위해 지방 자치단체, 유관기관, 지역민, 향우회 등이 적극적으로 지원하여, 2016년 7월 말에 유 학생들이 편안하고 안전하게 생활할 수 있는 시설이 만들어졌다. 아이들이 다니는 옴 천초등학교는 2013년부터 유학센터와 함께 '힐링 산촌유학 프로그램'을 운영하여 2015년 전국 100대 교육과정 우수학교로 선정되기도 했다.

교육 영역	교육 프로그램
자립	스스로 공부, 옴냇골 자치 회의, 기본 생활교육
신체 성장	산책, 운동장 뛰기
정서 성장	일기 쓰기, 상담
지적 성장	독서 60분, 스스로 공부
자연 친화	자연 풍경 사진 찍기, 농사 체험, 힐링 산촌 숲 체험
공동체	반딧불이 마을학교

울스약창조학교

완도에서 하루에 두 대뿐인 배를 타고 들어가야 하는 청산도의 위도인 대모도. 이 작은 섬의 분교에서 도시에서 온 아이들이 공부하고 함께 생활하고 있다. 섬마을의 자연 속에서 뛰어놀고, 어르신들과 함께 살면서 배우는 농촌유학 현장이다. 유학 온 아이들 때문에 조용하던 섬이 시끌시끌해졌다. 아이들은 영어와 중국어를 집중적으로 공부하고, 줄넘기를 천 개씩 거뜬히 해낸다. 울스약은 '우리 스스로 아름다운 이야기 만듦터'의 준말이다.

교육 영역	교육 프로그램
자립	개인 및 공동 텃밭 가꾸기, 캠프, 생활 계획 및 점검표 쓰기
신체 성장	국토 순례 캠프, 섬 산행, 등교
정서 성장	마을 봉사, 개인 창작(문집 만들기), 일기 쓰기
지적 성장	역사 체험 캠프, 방과 후 외국어(중국어, 영어), 독서 토론
자연 친화	바닷가 생태계 체험, 자연 놀잇감 만들기, 동물 돌보기
공동체	마을 잔치, 산타 순례, 유학생 가족 회의

정읍농촌유학협의회

칠보 지역은 예로부터 선비 문화의 고장으로, 고운 최치원을 모신 무성서원과 〈상춘곡〉을 지은 정극인의 유적이 있다. 한국의 역사와 전통문화를 체험할 수 있는 선비문화체험관이 조성되어 있고, 동학농민운동 유적지들이 산재해 있다. 유기농 공동체가 있어 다양한 농사 체험을 할 수 있다. 칠보면에 있는 정읍자연학교, 산적소굴 산촌유학, 오리샘네 산촌유학이 모여 정읍 농촌유학협의회를 이루고 있다.

교육 영역	교육 프로그램
자립	자립 생활교육(방, 옷 정리, 식사 당번 등), 가축 돌보기, 원두막 만들기
신체 성장	축구, 전통 놀이, 국궁, 승마, 자전거 여행
정서 성장	미술 심리 치료, 다도교육, 선비 문화 체험
지적 성장	목공, 역사 문화 체험, 난타
자연 친화	산야초 여행, 숲속 산책, 텃밭 가꾸기, 대나무 뗏목 만들어 타기
공동체	마을 탐방, 자치 회의, 그룹 여행

지리산마음살림농촌유학센터

섬진강과 지리산 사이에 위치한 구례군 오미 마을에 자리 잡고 있다. 곤충 키우기, 숲 놀이, 계곡 수영, 지리산 종주, 자전거 타고 등교하기, 생태화장실 만들기 등 계절마다 그에 맞는 재미있고 유익한 활동들을 진행하며, 공부와 독서 또한 열심히 하고 있다. 무엇보다 명상과 108배를 통해 자신의 중심을 세우고 가치 있는 삶을 지향하는 것을 중요한 교육철학으로 삼고 있다.

교육 영역	교육 프로그램
자립	스스로 하기(옷 정리, 방 정리, 식사 당번 등)와 자기주도 공부
전체성장	사자소학으로 배우는 몸과 마음, 꿈노트 만들기
정서 및 신체 성장	명상과 다도, 요가
지적 성장	독서, 목공, 역사, 문화 체험
자연 친화	지리산 종주, 숲 놀이, 계곡 수영, 꼬마 농부, 섬진강 자전거 타기
공동체	마을 어른들에게 인사 잘하기, 마을 청소

참살이농촌유학센터

2011년 곡성평화학교에서 초등 교육과정의 일환으로 농촌유학을 시작했다. 농사를 중심으로 '식주의 교육'을 하고 있다. 우리 먹거리에 대해 배우고 그 소중함을 아는 데 중점을 두고 있다. 또한 손발을 움직이는 살아있는 교육을 통해 아이들의 자립심과 문제해결 능력을 키워주려 애쓰고 있다. 곡성군의 적극적인 지원을 받고 있으며, 2019년 농림축산식품부 사업으로 선정되었다.

교육 영역	교육 프로그램
자립	텃밭 가꾸기, 팜 데이, 음식 만들기, 제과제빵, 야영, 동물 키우기
신체 성장	생태 체험, 농사 체험, 민속놀이, 산행, 물놀이, 4-H 활동
정서 성장	풍물 배우기, 악기 배우기, 미술 표현, 독서 토론, 일기 쓰기
지적 성장	사자소학, 고전 독서, 프로젝트 여행, 동식물 관찰, 손편지 쓰기
자연 친화	세시풍속, 절기교육, 계절별 먹거리 알기, 자연 놀이
공동체	공동체 회의, 공동체 놀이, 마을 일손 돕기, 가족 운동회

청량산풍경원산촌유학센터

청량산 도립공원에 위치한 양삼마을은 낙동강이 시작되는 지점으로, 세 개의 봉우리에서 해가 뜨고 진다고 해서 '양삼'이라고 불린다. 강변을 걸어 청량산과 도산서원을 오갔던 퇴계 이황은 이 길을 '그림 속으로 들어가는 길'이라고 칭송했다. 미쉐린 가이드 한국 편에서 길에다 별점을 준 유일한 곳으로, 아이들은 이 길을 오가며 등하교하고 계절의 변화를 느끼며 성장하고 있다.

교육 영역	교육 프로그램
자립	텃밭 가꾸기, 바른 식생활교육, 물품 정리
신체 성장	생태 체험, 물놀이, 흙 놀이, 옛길 걷기
정서 성장	책 읽어주기, 일기 쓰기, 경제 놀이
지적 성장	동식물 관찰, 환경교육, 명심보감 외우기
자연 친화	뽕나무 농장, 자연 놀이
공동체	마을 일손 돕기

한드미농촌유학센터

단양에 위치한 한드미 마을은 소백산이 품고 있는 첫 번째 마을이다. 12년이라는 오랜 교육 경험과 다양한 성공 사례를 통해 한국 농촌유학의 좋은 모델이 되고 있다. 아이들이 자연의 순리에 따라 성장할 수 있도록 마을 전체가 협력하여, 그 자체로 자연 놀이터이자 체험교육이 가능한 공간을 만들고 있다. 마을 앞으로는 단양의 절경인 도담삼봉을 끼고 남한강이 흐르고 있어 천혜의 환경을 갖추고 있다.

교육 영역	교육 프로그램
자립	DIY 여행, 자기주도학습
신체 성장	공동체 체육, 계곡 물놀이, 자전거 타기
정서 성장	가을 단풍놀이, 내 나무 심기
지적 성장	수피 표본 뜨기, 자연 관찰 놀이
자연 친화	텃밭 가꾸기, 냉이 캐기, 수피 표본 뜨기, 나무 심기
공동체	소백산 생태 탐방, 마을 김장, 메주 띄우기, 경로당 봉사

희망숲산촌유학센터

제천의 천등산 박달재로 유명한 마을에 위치하고 있다. 자연 경관이 수려하고 환경이 깨끗한 지역이어서, 아이들의 몸과 마음이 건강하게 자랄 수 있는 여건을 갖추고 있다. 아이들이 다니는 화당초등학교는 몇백 년 된 소나무 숲에 둘러싸여 있으며, 오케스트라, 뮤지컬, 승마, 골프 등 다양한 종류의 특기 적성교육을 하고 있다.

교육 영역	교육 프로그램
자립	목공, 공예, 천연 염색
신체 성장	트램펄린, 자전거 타기, 등산
정서 성장	기타, 플루트, 바이올린, 피아노
지적 성장	심화학습, 글쓰기, 문집 만들기
자연 친화	텃밭 가꾸기, 반려견 돌보기
공동체	지역 어르신들과 함께하는 윷놀이, 생일상 차리기, 이야기 나누기

농촌유학 현장 일람표 (2019.01 현재)

현장 이름	시작 년도	주소
가평민들레교육협동조합	2017	경기 가평군 북면 석장모루길 11
대리마을농촌유학센터	2009	전북 임실군 신평면 대리로 197-1
도령서당명덕재산골유학센터	2015	충남 공주시 의당면 서당길 144-13
만선당농촌유학센터	2011	충북 괴산군 괴산읍 충민로검승5길 33
밀머리농촌유학센터	2015	경기 여주시 점동면 오갑산길 2
별빛산골교육센터	2010	강원 춘천시 사북면 469 솔다원나눔터 1층
사재산산촌유학센터	2013	강원 횡성군 안흥면 서동로 상안8길 9-14
산위의마을산촌유학센터	2007	충북 단양군 가곡면 보발본동2길 66
산적소굴산촌유학센터	2012	전북 정읍시 칠보면 반곡리 749-1
소호산촌유학센터	2010	울산 울주군 상북면 소호로 305
시골살이아이들농촌유학센터	2007	경북 예천군 용문면 복천길 30-19
양구배꼽산촌유학센터	2011	강원 양구군 동면 168
어멍아방농촌유학센터	2013	제주 서귀포시 성산읍 신풍하동로 39
열린마을농촌유학센터	2011	전북 완주군 동상면 동상주천로 49
옴냇골산촌유학센터	2013	전남 강진군 옴천면 개산중앙길 12-6
울스약창조학교	2013	전남 완도군 청산면 대모도길 387-2
부론자연학교	2017	강원 원주시 부론면 부론로 207
정읍자연학교	2008	전북 정읍시 칠보면 반곡리 728
지리산마음살림농촌유학센터	2012	전남 구례군 토지면 대내길 90-13
참살이농촌유학센터	2011	전남 곡성군 석곡면 노치로 406
청량산풍경원산촌유학센터	2013	경북 봉화군 명호면 양삼길 43
한드미농촌유학센터	2007	충북 단양군 가곡면 한드미길 30-12
희망숲산촌유학센터	2011	충북 제천시 백운면 구학산로 528

전화	이메일	지역 학교(전교생 수)
010-2344-2387	gpmincoop@naver.com	목동초 명지분교(13)
063-644-3747 010-7114-3223	jooptt@naver.com	대리초등학교(65)/관촌중학교(92)
041-854-3391	Kjdoryoung@naver.com	수촌초등학교(110)
010-4734-0323	mansundang@daum.net	명덕초등학교(170)/과산중학교(160)
070-4203-8139	sunny1296@hanmail.net	점동초등학교(141)
033-244-1824	bbgotan@hanmail.net	송화초등학교(40)
010-6369-2909	kimhc66@hanmail.net	안흥초등학교(62)
043-421-2144	kongjacobus@hanmail.net	가곡초 보발분교(5)
010-2640-1225	sanjerk1637@hanmail.net	수곡초등학교(67명)
010-3869-8704 010-6663-3063	soho1870@hanmail.net	상북초 소호분교(32)/상북중학교(84)
010-5375-2657	snsclick@hamail.net.	용문초등학교(57)
033-482-8883 010-5213-1795	yms-413@hanmail.net	원당초등학교(46)
010-2968-4474	kjy111@hanmail.net	풍천초등학교(84)
063-243-1399 010-9866-1366	opsaram@naver.com	동상초등학교(31)/고산중학교(102)
010-6520-3749	miyeon3749@naver.com	옴천초등학교(45)
061-554-1718	colam79@hanmail.net	청산초 모도분교(5)
033-732-7425 010-8754-9525	yogasatsang@daum.net	부론초등학교(47명)
010-8823-6260	parashakti@hanmail.net	수곡초등학교(67명)
010-6742-5045 010-3088-5045	munsugol@naver.com	토지초등학교(50)/구례동중학교(33)
010-9492-6368	ckc121212@hanmail.net	석곡초등학교(78)
010-4920-3136 010-6597-8803	stonenine99@naver.com	명호초등학교(46)/청량중학교(65)
043-422-2831	handemy@hanmail.net	가곡초 대곡분교(34)
043-651-3378 010-7589-7004	sarahys33@hanmail.net	화당초등학교(48)/백운중학교(36)

농촌유학, 삶의 힘을 키우다

—

1판 1쇄 인쇄 2019년 1월 25일 | 1판 1쇄 발행 2019년 1월 30일

엮은이 민들레 편집실 | 펴낸이 현병호 | 편집 김경림, 장희숙, 조하늘 | 디자인 NOLL
펴낸곳 도서출판 민들레 | 출판등록 1998년 8월 28일 제10-1632호
주소 서울시 성북구 보문로 34가길 24 | 전자우편 mindle98@empas.com
전화 02) 322-1603 | 홈페이지 www.mindle.org | 페이스북 facebook.com/mindle9898

ISBN 89-88613-77-1(03370) | 잘못 만들어진 책은 바꾸어 드립니다.

이 도서의 국립중앙도서관 출판예정도서목록(CIP)은 서지정보유통지원시스템
홈페이지(http://seoji.nl.go.kr)와 국가자료공동목록시스템(www.nl.go.kr/kolisnet)
에서 이용하실 수 있습니다.(CIP제어번호: CIP 2019001991)